食の社会史

—兵食からチェーンレストランへ—

茂木信太郎［著］

創成社

はじめに

森鷗外という人がいる。文学史上に燦然と輝く名前である。鷗外とはペンネームで、彼の本名は森林太郎といい、職名では軍医総監（最高位）にまで上り詰めた人物である。森林太郎としての業績は、その評価はさまざまであるが、我が国の食生活史において直接的に多大な役割を果たして重大なものがある。鷗外の名は、人口に膾炙しているが、林太郎の業績については、関係者周辺でしか語られることがない。

木村荘平という人がいる。こんにち彼の名が語られることはほとんどない。彼は、牛肉食が解禁された後の明治から大正にかけて、牛肉食普及の最大の功労者である。

ところで、戦後に我が国は経済復興を遂げ、高度経済成長の時代を謳歌するが、同時並行で公衆衛生と食生活の改善が推し進められた。この公衆衛生と食生活の改善、すなわち国民の人的資源としての健全化こそが、経済復興の最大の要因であるとみなすことができる。そしてその帰結として、わが国は世界有数の長寿国となった。こうした戦後の歴史を見るうえで最も功績のあった人を誰か1人挙げなさいといわれたら、GHQ（連合国軍最高司令官司令部）のクロフォード・サムス准将（大佐）の名前が挙がってもよいのではないかと思う。しかしながら、多くの専門家の間でもすでに彼の名前は忘れ去られているのではないかと思ったりもしている。

本書では、あらためて彼らの名前がいわば主役として登場する。が、本書で直接のテーマとしているのは、わが国の〝集団食〟である。一般に〝食〟というと、一義的に「家庭食」が想起される。次に「外食」である。もっとも最近は、第三の領域として「中食」もよく取り上げられるが、この話は横に置いておく。

近現代の「家庭食」は常に変化している。変化の要因としては、家庭生活のインフラの更新とか、家族形態の変化とか、家庭電化製品の革新とか、スーパーマーケットなど流通システムの改変とか、もちろん食品企業のマーケティングとか、農畜水産業の努力とか、さまざまな事柄を挙げることができる。しかしながら、「家庭食」の変化の相に最も直接的に影響しているのは「外食」のメニューであり、その「外食」勢力の拡大であり、「外食」情報の拡散である。1つの仮説として、「家庭食」の変化の始まりは「外食」にあり、ということができる。もともと普段の人々の「食」は保守的なものであるはずで、これまでの「食」に異質なものが挿入され変化するというのは、外界にあるものからスカウトされて持ち込まれるのだということができる。「家庭食」の外界とは「外食」である。したがって、「家庭食」が変化するということは、「外食」メニューがスカウトされたり「外食」情報が舞い降りてきたりして作用していくのである。

さて、その際に「家庭食」の外界である「外食」とは何を指すのであろうか。いうまでもなく外食産業あるいはフードサービスビジネス界である。具体的には街場の飲食店、レストランである。飲食店体験、レストラン情報こそ、食のトレンド、言い換えれば、食の変化の方向を指し示す本質だと見抜いて、これを「ファッションフード」と呼んだのは畑中三応子である（『ファッションフード、あります。』2012年、紀伊国屋書店）。そして、人々が外食産業といって想い起こすのは、〝個人食〟としての「食」である。

が、外食産業には、〝個人食〟とみなされる領域の他に「集団食」という領域がある。普通には〝集団給食〟と呼ばれる。こんにち〝集団給食〟というと社員食堂、学校給食、病院給食、社会福祉施設での給食が想定されて、外食産業のなかの一大分野と位置づけられている。外食産業といって普段、街場の飲食店、レストランが思い起こされ、〝集団給食〟分野がともすると意識から捨象されてしまいがちであるが、この〝集団給食〟分野も「家庭食」の外界である。そこで、やや比喩的にいえば、我々の食生活は、家族共食にイメージが紐づけられている「家庭食」と並んで、「個人食」と「集団食」という場があるということができる。

これまで、食の研究としては、たとえば「食物史」の観点（江原絢子・石川詳子・東四柳祥子『日本食物史』2009年、吉川弘文堂）、「栄養史」の観点（高木和男『食と栄養の社会史』1979年、科学資料センター）など優れた通史がある。筆者も「外食産業史」の観点（『外食産業テキストブック』１９９６年、日経ＢＰ社）から通史を試みたことがある。これらにおいても「集団食」の観点はよくすくい上げられており、整った記述を学習することができる。ただ、これらの著書は「集団食」そのものを考察対象とし、「集団食」の形成を考察しようとしたものではない。

そこで筆者はより踏み込んで、「集団食」の組織化、実体化が「国民食」を発明して、それが食生活の中心軸を作り出していくという歴史の総括視点を描いてみようと想念した。言葉を変えていえば、近代における国民国家の形成が、その必然として「国民食」を要求し、実現していくのであるという視点である。

筆者は、１９７０年代の末頃から、我が国における外食産業の歴史を現認してきている。斯界の観察を10余年ほど続けてこうした視点をもち、１９９０年代前半にいくつかの論考を発表した。本書第Ⅰ部の第１章から第５章がそれである。これらは「集団としての食」というシリーズで、あるシンクタンクの機関誌に不定期連載したが、この機関はすでに解散しているので、これらの論考は散逸放置された状態である。しかしながら、その後に管見の限り、食の研究史、論争史に「集団食」の形成という観点は明確な輪郭を描き出してはこない様子である。そこで、旧稿ではあるが、これらの論考を改めて世に問うこととした。現時点で多少の言い回しを改める調整は施したが、問題意識を問うものとして、当時の記述はなるべく原型をとどめた。ただ、情報量の点で、欧米事情の探索は深くない。この点で浅慮になってはいないかという思いはある。が、食の議論の枠組みや視点を提示したいとする問題意識を汲み取っていただきたいと願うものである。

ところで、外食産業といって、だれもがただちに想起するのは、チェーンレストランである。先述のように、筆者は40年ほど斯界の観察を続けている。表層的なブランドの栄枯盛衰も見てきたが、主に関心を払ってきたのは、チェーンというその運営システムである。個人店として営まれる飲食店とは、本質的にシステムを異にする。

そこで、本書によって確認することは、「集団食」とチェーンレストランが提供する食のシステムが「相同」であるという理解である。一見「相似」ではない、すなわちかたち上は似ていないが、「相同」すなわち機構としての作りこみは同一であるという理解である。

「集団食」というと、確かに外形的には同じ場に多数の人が集まり共食するという光景を思い浮かべるかもしれないが、分け入ってみるとそうした場面ばかりでもない。例えば、病院給食などは、患者の個室で銘々膳で食される場面が多いので、同じ食堂で会食しているものではない。したがって、「集団食」の本質は、食事の場面ではなく、調理の集中を意味する。特定箇所で集中調理されたものが、多数箇所に配荷されて配膳されるのも「集団食」である。学校給食もそうである。教室で共食してはいるが、より本質は、同じところで集中調理されたものが各学校各教室に配荷されて、同じ料理が供され食されているのである。

このように、見た目の「相似」を求めるのではなく、調理から提供までの全体機構の観点で「集団食」を見てみると、チェーンレストランと「相同」であると気が付くのである。外食チェーンのセントラルキッチンで調理（半調理）されたものが、多数の店舗に送られて、〝同じメニュー〟を多数の人たちがほぼ〝同時〟に頬張っている様は、ある種の「集団食」とみなせるであろう。これは歴史の断面でもある。1960年代いっぱい、アメリカで外食産業を代表するチェーンブランドは、ハワード・ジョンソンであった。同チェーンは第二次大戦時に、アメリカ軍のロジスティクス（兵站）を担っている。本書の観点で述べれば、同社のチェーンシステムが、軍隊食の兵站と「相同」であるからである。

それはともかくとして、そうしてチェーンレストランで提供される「ファッションフード」は、ハンバーグステーキやハンバーガーでも、牛丼でも、「国民食」とマスコミで謳われて異を唱えるものは誰もいないのである。かつて、コロッケ、カレーライス、とんかつ、いまラーメン、すしなど「国民食」に数えられ話題とされる料理メニューは多い。これらのメニューはいかにして「国民食」となったのか。すなわちどのようにして「国民食」の供給システムは模索され、構築されていったのか。これらについては本書の後半第Ⅱ部で楽しんでいただきたい。

目次

第5章

戦後改革と衛生・栄養問題……69

第6章

コントラクトフードサービスの時代へ……83

第Ⅱ部　ビジネスが誘導する食のイノベーション

第8章

食の産業化……135

第9章

食卓のイノベーション……167

第Ⅰ部　近代社会が求める食生活の変容

第1章　近代国家の形成と食生活の向上という目標

第1節　国民国家の成立と国民の形成

食は、人間の社会生活の営みの帰結である。食は、その時代時代において、社会全体の食糧生産の技術であるとか、経済システムであるとか、或いは、歴史的な連続性を有した慣習や宗教であるとか、といったものに大きく規定されている。人間の社会生活そのものが、それぞれに固有の文化性を担っている以上、食それ自体も、人間社会の無数の文化的コードを体現していることは、ある意味で当然のことでもある。

近代において、我々の社会生活を特徴づける最大の要素は、国民国家《ネイション》の形成である。いわゆる近代史のはじまりをどの時代に求めるかという専門的論議はともかくとして、いかな論者も16－17世紀におけるイギリスの世界の海の覇権を揺るぎのないものとした時代、すなわち世界史上いうところの重商主義時代の到来をもって近代史の開始と見ることは否定しないであろう。やがて、18世紀の後段から19世紀の初頭にかけて、イギリスは周知の産業革命を実現し、ここにはじめて近代資本主義のモデルとしての王国が出現するのである。この王国は、正確には、大ブリテン及び北アイルランド連合王国と称せられるが、しかし、大英帝国と略称した方が通りがよい。南北両大陸やアジア・アフリカ・中東と広大な植民地支配を擁した帝国であったからである。

イギリスにかなり遅れて、市民《ブルジョア》革命と呼ばれる政治革命を実現し、近代産業の発達とこれの担い手達を創出することのできたフランスや他の諸国も、イギリスの後塵を拝しながらも、帝国主義政策に邁進し、世界の各所で衝突し合いながらも、それぞれに植民地支配を獲得していった。これら帝国主義政策が全地球的規模で遂行され、帝国主義同士が覇権を競う上で、彼らは近代国家としての内実を徐々に整えていった。それと同時に、これら帝国主義の使徒が行き着く先々のところでは、植民地支配に甘んずるか、さもなければ、民族国家を新たに形成して、彼らと抵抗するか、いずれかの選択を社会的に迫られた。

ここにおいて、人類の歴史に全く新しい国民国家なるものが全地球的規模で生み出されるに至ったのである。我が国の事情も全く同様の歴史的脈絡のなかにある。我が国は、徳川幕府と、薩長連合を柱とする新勢力との間で、この国民国家形成を巡って激しく主導権争いが演じられ、結局、旧支配体制がそのまま新しい政治体制に脱皮することは叶わず、徳川幕府

は いわば自主解散し、替わって近代国家の形成を強力に追求する明治政府が成立したことは、周知の通りである。ちなみに、旧幕藩体制派とこれに反対する勢力とは、それぞれにフランスとイギリスという両帝国の支援体制を受けており、明治維新をはさむ両者の鍔迫《つばぜ》り合いは、さながら両帝国の代理戦争的意味合いをもっていたことも、よく知られているところである。

このように、近代国家は、全地球的規模における帝国主義国家の覇権政策とそれに対抗する政治形態の獲得というすぐれて直截的な目的の下に形成されてきたものであり、その物理的内実として、当該国家の軍事力の強化と、それを現実のものとするための経済力の向上とを、存在目的としたのである。我が国の明治政権は、いみじくもこの国家形成の目的を、極めてストレートに、富国強兵と殖産興業という4字熟語2ワードを造語して表現した。

さて、国家目的が具体的に富国強兵と殖産興業であると定まれば、国民の価値も極めて具体的に措定されることになる。列強の脅威の下になりふりかまわぬ不平等条約の締結によって、かろうじて独立国家としての立場を確保し、近代国家の体裁を維持していく上で、軍事力の強化と経済力の向上とは不可欠の緊要課題である。かくして、軍事力の基礎資源、経済力の基礎資源として、まずは国民の第一義的存在理由が示されなければならない。

しかしながら実は、ここにおいてこそ最大の課題が存在する。列強の脅威を目の当たりにし、欧州各地へ出向いた当時の明治政府要人達にとって、彼の地の人々と、我が国民との体格の差異は歴然としたものがあった。体格及び体力の差異は、そのまま軍事力及び経済力の基礎資源の差異である。この差異の因ってきたるところは、民族的な資質そのものの違いであるという考え方もあったかもしれないが、彼ら要人達は多く、彼我の食生活の違いという要因にも想い至るのである。彼我の最も大きな食生活上の違いは、それまで我が国では仏教思想の直接的影響の下に、獣肉食は社会慣習的に禁忌とされてきたという点であった。それに対して、欧米では獣肉を好んでよく食べる。これが彼我の体格及び体力の差異の基因なのだと。

かくして明治初年代には、我が国に食生活の大改革運動が起こるのである。まず、1868（明治元年）には、神仏分離令が出されて、廃仏毀釈運動が起こる。神仏分離令は、我が国国民の神と仏という宗教上のいわば二重戸籍を正そうというものであるが、具体的には廃仏毀釈、すなわち仏法を廃し釈迦の教えを棄却する運動として全国伝播し、結果として獣肉食禁忌思想をも廃する効果が期待された。

1872（明治5）年には、当時最大のPR効果を有したキャラクター、明治天皇が自ら膳宰に命じて肉食したという新聞記事が新年を飾った。庶民に牛肉食をアピールするというのが、この新聞記事の目的であった。また、同年には、僧侶の肉食妻帯蓄髪を許可する布告が、翌1873（明治6）年には、尼僧の肉食縁組帰属が許可された。明治初年代は、その他にも、文明開化を謳い文句に牛鍋屋が流行すれば、西郷隆盛のような軍人が足繁く通って民需を盛り立てたり、海軍では栄養食として牛肉を採用し組織的な消費を開始したりと、矢継早の食生活の向上のための諸策、奇策が立て続けに実施されている。

これら諸策が結果として、どの程度国民の食生活の改善に実際の効果があり、そしてそのことが、どの程度国民の体位・体力の向上に寄与したかということを計測することはできないが、少なくとも、食という生活領域を一つの国家意志のもとに方向づけていくのだという新時代の試みが実践されたことは確かなことである。

ともかく、明治という時代を起点として、近代国家の形成に伴い、食の世界においてもいわゆる近代化の途が開始されるのである。ここでいう食の近代化とは、したがって国民の体位・体力向上に資する食思想と食の普及のことである。栄養という概念もこのような食思想の一つの表現である。もっとも、当時はまだ養生とか滋養（強壮）という表現の方が、リアリティがあったが。

第2節　公衆衛生の普及と食生活の改善

当時日本人がどのようなものを食していたか、そしてその食物の栄養成分やいかに、というテーマは、既にお分かりのごとく極めて緊要な国家テーマであった。この課題に逸早く取り組んだのは、明治政府の近代化政策に大いに寄与したお雇い外国人学者たちであった。安本教傳の報告(1)するところでは、大阪司薬場のドワルたちが作成し、1878(明治11)年、1879(明治12)年に『中外医事新報』に発表した「日本食物の分析表」及び「穀物分析表」が、近代栄養学からこの課題に取り組んだ最初の大系的な成果である。そして、これらの食品成分についてのデータを一覧できるかたちにとりまとめたものが『日本飲食品分析表』として1883(明治16)年に出版されている。以下、この系譜に連なる主要な食品成分表の刊行は、表1－1のごとくである。

同表でみて取れるごとく、戦前までのこの種の課題は、内務省衛生局試験所が所管していた。ちなみに、同局の栄養調査によると、1886(明治19)年7月5日に、東京は日本橋の呉服商越後屋(いまの三越本店)に働いていた17歳以上の80人程の奉公人達の1日の献立は、表1－2のごとくであった(1週間の立会調査)(2)。

この資料を紹介している立川昭二によると、越後屋奉公人の1週間の食事を平均すると、たん白質54・80グラム、脂肪5・98グラム、たん水化物394・14グラムで、合計454・94グラムであり、都合1800カロリーである。同じ調査で、高等師範学校は約3200カロリー、陸軍士官学校は約3000カロリー、そして鍛治橋監獄で約2000

表１－１　日本食品成分表の系譜

年	名	著編者	品目数
1883（明治16）年	日本飲食品成分表	早田清記，山口謹太朗（英蘭堂）	
1886（明治19）年	日本食料調査報告	田原良純，須田勝三郎（内務省衛生局）	
1902（明治35）年	食品彙纂	相模嘉作（陸軍薬剤官，丸善）	
1909（明治42）年	飲食物竝嗜好品分析表	内務省衛生試験所（丸善）	
1909（明治42）年	飲食物竝日用品類分析表	内務省東京衛生試験所（南江堂）	
1931（昭和6）年	日本食品成分総攬	内務省栄養研究所	
1931（昭和6）年	新選日本食品成分総攬	佐伯短他（南江堂）	
1937（昭和12）年	調理食品成分照鑑	佐伯短他（南江堂）	
1946（昭和21）年	食品栄養価要覧	厚生省研究所国民栄養部研究会	
1947（昭和22）年	暫定標準食品栄養価分析表	厚生省，農林省	
1947（昭和22）年	暫定標準食品・輸入食品栄養価分析表	日本栄養士会（第一出版）	
1951（昭和26）年	日本食品標準分析表	国民食糧及栄養対策審議会	538品目
1954（昭和29）年	改定日本食品標準分析表	総理府資源調査会事務局	695品目
1963（昭和38）年	三訂日本食品標準分析表	科学技術庁資源局	878品目
1966（昭和41）年	日本アミノ酸組成表	科学技術庁資源調査会	165品目
1978（昭和53）年	三訂補日本食品標準分析表—穀物編	科学技術庁資源調査会	1,182品目
1978（昭和53）年	三訂補日本食品標準分析表—砂糖及び甘味類・油脂類・豆類・乳類編	科学技術庁資源調査会	
1978（昭和53）年	会社別・製品別市販食品成分表	香川良子（女子栄養大学出版部）	56社，950品目
1980（昭和55）年	三訂補日本食品標準分析表—いも及びでんぷん粉類・菓子類・種実類・魚介類・菜類・果実類・きのこ類・藻類・し好飲料類・調味料及び香辛料類編	科学技術庁資源調査会	
1981（昭和56）年	会社別・製品別市販食品成分表新版最新版	香川良子（女子栄養大学出版部）	118社，3,100品目
1982（昭和57）年	四訂日本食品標準分析表	科学技術庁資源調査会	1,621品目
1982（昭和57）年	四訂日本食品標準分析表	科学技術庁資源調査会	1,621品目
1983（昭和58）年	会社別・製品別市販食品成分表最新版	香川良子（女子栄養大学出版部）	139社，4,300品目
1983（昭和58）年	会社別・製品別市販食品成分表最新版	香川良子（女子栄養大学出版部）	139社，4,300品目
1986（昭和61）年	会社別・製品別市販食品成分表最新版	香川良子（女子栄養大学出版部）	188社，5,484品目
1986（昭和61）年	改定日本アミノ酸組成表	科学技術庁資源調査会・資源調査所	295品目

出所：安本教傳「食品成分表の系譜」，豊川裕之・石毛直道『食とからだ』1987年，ドメス出版

表1－2　呉服商越後屋17歳以上の80人程の奉公人達1日の献立（1886（明治19）年）

朝食		昼食		夕食	
味噌	19.1	蛋白	73.0	沢庵	19.4
茄子	45.8	砂糖	8.8	白米	149.6
沢庵	18.8	醤油	23.6		
白米	164.9	沢庵	15.0		
		白米	160.8		

資料：立川昭二『明治医事往来』1986年，新潮社（原資料：内務省衛生局試験所）

カロリーであったとのことである。越後屋奉公人の全くもって粗食ぶりが指摘できる。といっても、当時国民の多数が就業していた商家奉公人（商業従業者）のなかで独り越後屋のみが粗食であったわけではない。他の奉公人においても越後屋と同程度又はそれ以下であったと察せられるわけであり、この栄養調査の結果は、流石に高等師範学校や陸軍士官学校のような国家の要職を近い将来に於いて担うべきエリート達には豊かな食が施策されていることが分かるとともに、平準的国民の食生活の粗食ぶりが明らかなわけである。

明治政府によって国民皆兵が名実ともに整えられるのは、徴兵猶予の制が廃止された1889（明治22）年の徴兵令の改正によってであるが、この時の徴兵検査では、適齢者36万人余のうち、現役兵として兵営に送られた者は1万8782人、僅か5・2パーセントであり、21万1256人、58・6パーセントの者は、疾病その他健康上なんらかの理由で生涯兵役免除となっている（『陸軍省第三回統計年報』）。近代国家建設のための近代軍隊の創出、そのための徴兵制の徹底は、まさに足もとから見直されるべき現実に直面していたわけである。

あわせて、公衆衛生という思想を社会全体に普及させることも、食生活の改善と並んで重要な国家課題であった。開国（開港）の副産物として、それまで我が国には免疫のなかったコレラを、次いでペストを大流行させるという病禍を被ってしまったからである。コレラ上陸のきざしを報じた『朝野新聞』1877（明治10）年9月22日付号は、これの感染・発症地をとって正鵠にも「横浜虎病」の大警戒と報じている。実際、横浜と長崎という開港二ヶ所から発病したコレラは、その後数年間に渡り猛威を奮って、日本国中を震憾させたのである。他方、ペストの大流行は、殖産興業の花形産業、紡績工場が火の元であった。我が国の基幹輸出産業としての紡績工業は、大量の原綿を輸入したが、この屑綿の中にかくれていたネズミの血中にペスト菌は巣喰っていたのである。私事で恐縮だが、筆者が以前に住んでいた東京・目黒から少しのところの広尾に祥雲寺というお寺がある。ここには、1900年代の後半（明治30年代の中頃）に大流行したペストに対して国家対策として行ったネズミの買い上げの末路として殺されたネズミの慰霊碑「鼠塚」がある。全国で殺されたネズミの数は、初年度で3百万匹を越え、東京では3年連続して2百万匹を越えたとのことである。これらの霊を慰める碑が、ペスト菌発見者北里柴三郎の本拠である白金の北里研究所のすぐ近くに残されている。

やや話が迂回してしまったが、ともかく、近代国家としての医食同源、中国的な意味でない医食同源、言葉を変えていえば、公衆衛生の普及と食生活の改善は、近代国家建設に欠かしてはならないインフラストラクチャー、人的資源確保のためのインフラストラクチャーに他ならなかったのである。実は、この原理は、近代史に普遍の原理なのであって、かつては欧州世界が近代化に先駆けて、あるいはそれと併行して実現してきたものであったし、今では、第三世界の後進国の援助政策を議論するにあたって声高に叫ばれている事項なのである。

近代市民社会に生きる人間は、かくしてはじめて人間としての存在を主張することになるのである。公衆衛生の達成と食生活の充足は、近代国家存立の要件である。これが実現できていなければ、国民の資質は衰微し、したがって近代産業の成立も、近代軍隊の維持もできず、詰まるところ国家それ自体が自立しえないわけである。この関係を人間主体の側から言い換えれば、公衆衛生環境の創出と食生活の充足こそ、近代市民の当然の権利だということになる。かかる権利が満たされずして、徴兵制に応じうる義務も、経済活動に参加しうる責務(憲法で言う勤労の義務)も果たしようがないのである。近代化の達成与件として、教育の普及ということがよく指摘される。確かに国民教育というものも、近代化のシナリオを認める上で大きな要件であることは否定しえない。が、論理的な前後関係としては，明らかに公衆衛生の達成と食生活の充足が優先する。

第3節　国民食生活のモデル

近代国家の形成においては、そのインフラストラクチャーとして人間の社会生活上の環境整備と食の近代化が実現されなければならないのであるが、これの具体的な方法論として、近代的軍隊が果たした役割を過小評価すべきでない。第二次大戦の敗戦により、いわゆる戦争放棄の憲法第9条に基づき軍隊を放棄するという近代史上希有な歴史を歩み始めて、徴兵制（国民皆兵）こそ近代国家の普遍の姿であって我が国は例外であるという事実をつい忘れがちになるのであるが、近代的軍隊こそ、間違いなく国民の大規模な移動を組織的に遂行した特筆すべき存在である。

近代的軍隊は、大都会に居住しようとどんな寒村僻地に居住しようと、文字通り全国津々浦々から平等に国民を徴集し、特定の場所に大量の人を集合させて共同生活を実行するという点で、それまでの歴史には存在しないものであった。近代以前の歴史においては、軍事力は当該社会の特定階層の役割または傭兵であったからである。

近代的軍隊はこの点で、全国の生活技術を平準化するという役割においても傑出した機能を果たした。食生活においても全く然りである。それまで食生活は、各地域ごとに全く分散した系として多様で相互に独立した独特の型をつくってきており、これら各地に分散独立した食文化は、一部都会において若干の情報交流が見られたにすぎなかったといえるが、軍隊は、こうした食生活の分散独立状況に対して、初めての強烈なインパクトを与えるところとなったのである。

軍隊とは、既に繰り返し指摘しているように、近代的国家の一つの実態そのものであり、ここには公衆衛生の観念と食生活の充実という当面の国家目的そのものが純度を上げて実現される場であったからである。

少しく具体的に論じてみよう。時代をやや下がるが、いま筆者の手元に、1931（昭和6）年の旧日本軍隊の食事（炊事）マニュアル「軍隊調理法」の改定版、昭和12年「軍隊調理送付ノ件陸軍一般へ通牒」なる『軍隊調理法』の復刻版がある（3）。

全体は3部構成であり、第一章は調理一般の心得として、火の焚《た》き方、材料の選び方、洗い方、等々が記され、続いて第二章は調理法として料理が120種、デザートに類するものが11種、さらに病人用献立などの特別食が113種、合計244種と多彩である。目次（料理名）を抜き書きすると、以下の通りである。

第一章　調理一般の心得

第一　基本調理……火の焚き方、材料の選び方、洗い方、切り方、茹で方、煮方、蒸し方、焼き方、揚げ方、和え方、味の付け方、飯の炊き方

第二　特殊調理……携行食調理、廃物利用調理、野外における調理、食品の簡易製造

第二章　調理法

第一　主食……米麦飯、粟飯、五目飯、油揚げ飯、大根飯、甘藷飯、肉飯、豆飯、小豆飯、福神漬混ぜ飯、強飯、萩餅、ちらしずし、蒸し「パン」の製法

第二　汁物……味噌汁、野菜汁、白菜豆麺汁、菜びたし汁、おぼろ汁、豆腐汁、鱈《たら》昆布汁、葱鮪《ねぎま》汁、薩摩汁、卯の花汁、呉汁、粕汁、鯉こく、鰌《どじょう》汁、葛《しず》汁、のっぺい汁、けんちん汁、かき卵汁、豚すいとん、肉うどん汁、魚団汁、シチュー、三平汁、カレー汁、貝と野菜汁

第三　煮物……煮染《にし》め、筑前煮、肉味噌おでん、関東煮、むき身味噌煮、冬瓜《とうがん》のそぼろ掛け、カレー南蛮、旨煮、煮肴、切り干し大根煮込み、ひじきと大豆の煮込み、北海煮、鮭缶肉煮込み、魚麺、肉うどん、豆麺煮込み、牛肉軟か煮、卵

の花炒《い》り、卵とじ煮、粉吹き馬鈴薯、豚豆煮、小倉煮、豚味噌煮、鯖味噌煮、茄子油炒め、田楽、ふろ吹き大根、吉野煮、雑集煮、豆腐葛煮、塩魚あんかけ、そぼろかけ、炒り豆腐、豚の揚げ煮、蒸し焼き肉、生魚卸し煮、塩豚と白菜、牛缶煮菜びたし

第四　焼き物……塩焼き、生魚山椒焼き、生魚朝鮮焼き、烏賊《いか》の醬油焼き、焼き肉、照り焼き、味噌焼き、内臓付け焼き、生魚油焼き、卵焼き（オムレツ）

第五　揚げ物……生魚フライ、生魚空揚げ、空揚げ魚団子、カツレツ、コロッケ、天婦羅、精進揚げ、竜田揚げ、豚の空揚げ

第六　和え物……菜びたし、ぬた、白和え、茄子紅葉和え、酢味噌和え、むき身卸し和え、茄子胡麻味噌和え、鮭馬鈴薯和え、白瓜（または胡瓜《きゅうり》）酢味噌和え、豆麵酢和え、胡麻和え、豚胡麻味噌和え、大豆卸し和え、納豆大根卸し和え、納豆葱和え、貝芥子《からし》和え

第七　漬け物……大根早漬け、刻み漬け、はりはり漬け、胡瓜漬け、沢庵漬け、菜漬け、野菜早漬け（第一号―第六号）

第八　嘗《な》め物……シロップ、甘藷ジャム、葱味噌バター、大豆粉《きなこ》クリーム、牛乳クリーム

第九　甘味品……すいとん甘鹹《あまから》煮、ドーナツ、流し羊羹、蒸し羊羹《ようかん》、きんとん、汁粉

以下、第十は特別食として「その一 携行食」が13種、「その二 流動食」が35種、「その三 軟食」が54種、第十一は「食品の簡易製法」として、塩豚やうどんやラードなど11種の製法が記録され、さらに、乾燥野菜および特殊調味品使用法として21項目が続いている。

いかがであろうか。より立ち入っては、同書を直接見ていただくしかないが、同書は、当時の我が国の地方料理の集大成であるかのようにも思われる。南北に続く独特の自然風土と地方色豊かに生まれ育ってきた国民兵士たちの血となり肉となるべく嗜好に合致させた我が国の平均的料理であるとともに、北は北海煮から、南は薩摩汁までに及んでいるのである。本書を手にした山本七平は、自身の軍隊体験と重ね合わせて、ここに記載された当時の軍隊食こそ「日本的平均おふくろの味」だと喝破した。勿論、軍隊食であるから、それなりの配慮はある。例えば、同書の献立には「生もの」、鮨や刺身の類いは皆無なのである。食中毒の発生並びに、伝染病と寄生虫を恐れたためであることは容易に察せられる。

前節で、商家奉公人の食事を垣間見た。そこには、いわゆる一汁一菜に至る前の単なる一

汁めしが確認されるが、軍隊食はこれとくらべて格段に〝豊か〟である。山本の指摘によると、特に東北の農村出身者などは、軍隊は三食とも米麦飯でさまざまな〝おかず〟がつくと感動した兵士が多かったとのことである（4）。軍隊生活体験者は、かくして、豊かな食生活の実践とそして食生活改善のための実用技術とを体得して、再び出身地方へと帰還していくのである。我らが、日本型食生活として幻影のなかに描いてみせる一汁一菜の紛うことなき原型がここにあるのである。

軍事、すなわち、戦争遂行下における国民生活の再編成は、更に多大な影響を国民の食生活にもたらす。近代における軍事行動は、好むと好まざるとにかかわらず国家の総力戦である。したがって国民生活も、これの遂行のために大幅な編成替えが余儀なくされている。例えば、我が国国民が挙って米食を常食化するようになるのは、第二次大戦の遂行中に、食糧管理制度の下に、全国民に平等に米を配給しようとしたためのいわば副産物である。かくして軍隊と戦争の国家体験は、近代統一国家に相応しい国民の食生活の実現を国家課題として掲げるわけである。その際に、少なくとも後進資本主義国としての我が国では、軍隊食が国民食生活のモデルとして名実ともによく機能したということができる。

第4節　国民の食の行方

近代における最もマクロ的視点からの集団における食という概念は、以上論述してきたように、国家における国力の原基要素としての国民の食そのもののことである。吉田昭は、諸外国における栄養所要量の沿革に触れて、それぞれに著名な栄養学者が係わる次のような事例を紹介している（5）。第一次大戦当時のドイツで出された栄養要求標準は、戦争遂行のためにどれほどの食糧を確保すべきかを算出する基礎であったこと、1930年頃のイギリスでは、世界大恐慌下で、大勢の失業者に食糧を補給するための栄養基準を定めたこと、第一次大戦後に国際連盟で作成された栄養摂取量は、各国民の健康増進と労働能率高揚の目的をもったこと、1943年のアメリカでの最初の栄養所要量の作成は、国防会議が中心となって国防のための食糧計画を主目的としていたこと、等である。

このようなマクロ的観点から捉えられるべき食のパラダイムは、現在に至るも共通であることは言うまでもない。例えば、昨今の我が国における食のグルメ化というトレンドも、エスニックブームも、黒字大国への国際批判に対して、食糧輸入超大国を国是とする国家意志《コンセンサス》と表裏の関係にあることは言わずもがなであろう。ともかく、近代国家においては、戦争の遂行も、経済恐慌への対策も、国民の食生活のデザインを抜きにしてはありえないのであり、進んで、健康の増進や労働能率の高揚というすぐれて現代的課題も、古典的資本主義の時代が終焉した第一次大戦後の世界において浮上してくるのである。しかし、この課題が社会意識として広く受け止められるようになるためには、第2次大戦後の戦時ではない平時の、短くない時間の経過を俟《ま》たなければならなかったのである。

【註】
（1）安本教傳「食品成分表の系譜」、豊川裕之・石毛直道編『食とからだ』1987年、ドメス出版
（2）立川昭二『明治医事往来』1986年、新潮社
（3）『復刻「軍隊調理法」』1982年、講談社
（4）山本七平「飲食の出発点・序章」、山本他著『比較文化の眼』1982年、TBSブリタニカ
（5）吉田　昭「栄養所要量の系譜」、豊川裕之・石毛直道編『食とからだ』1987年、ドメス出版

第2章　集団食としての国民食の試行

第1節　森鷗外の「日本兵食論」

夏目漱石と並び日本近代の文豪として著名な森鷗外（1862（文久2）～1922（大正11）年）は、『舞姫』、『大塩平八郎』、『阿部一族』、『山椒大夫』、『雁』、『與津弥五右衛門の遺書』、『高瀬舟』、『渋江抽斎』など多数の傑出した作品を残している。今、私達が知る森鷗外は、文学者としての姿がほとんどであるが、彼の人生にとって文学活動はその一端にすぎないものであった。

森鷗外とは、文学活動の際の別号（ペンネーム）であり、本名を森林太郎と言った。森鷗外はいわば彼の私生活上の名であり、公生活面では森林太郎であった。当世風に森林太郎の略歴を記せば、1862（文久2）年、島根県生まれ。東京大学医学部卒。ドイツへ留学し帰朝後、陸軍軍医総監、陸軍省医務局長、となる。すなわち、彼は、医者、軍医であり、しかもその職制では最高位にまで昇りつめた人物である。彼は、森鷗外としての膨大な文学活動の他に、森林太郎として我が国の近代化の過程で多大の業績を残している。その業績の一つは、我が国に衛生学を普及させたことである。

森林太郎は、東大医学部を卒業後、陸軍に就職するのであるが、直ちに軍当局（直接的には当時の陸軍衛生部次長石黒忠悳）の命でドイツに留学する。この留学目的は、鷗外留学の旅日記（林太郎のと言いたいところであるが既に鷗外日記として通用している）『航西日記』によれば、「赴徳国修衛生学兼詢陸軍医事他」というものであった。つまり、「衛生学」を修めることと、「陸軍軍医制度」を調べることがその目的である。が、森林太郎のドイツ留学を決裁した後の軍医総監石黒忠悳『石黒回顧談』によれば、森は「軍隊衛生学、殊に＜兵食の事＞に就て専ら調査するために留学せしめられた」（＜＞は筆者）という特命をもっており、森に続く谷口謙（１８８６（明治19）～１８８９（明治22）年ドイツ留学）は「軍隊内科」、小池正直（１８８８（明治21）～１８９０（明治23）年ドイツ留学）は「建築衛生」という専攻分担があった。

森林太郎は、この任に応えて、早くもドイツ留学中「日本兵食論大意」を書き上げ、これは石黒忠悳のもとに送られた。そして鷗外研究者の間で知られる「日本兵食論」及び「日本兵食論拾遺」がドイツ語で書かれて発表されている。

「日本兵食論」は、原語を"Ueber die koct der niponishen (Japanishen-) Soldaten"とし、１８８６（明治19）年10月刊の *Archiv für Hygiene* 第五巻に掲載されたものであるが、の

ちに陸軍省医務局刊行の論文集*Japan und seine Gesundheispflege*（1910（明治43）年）のなかに"Japan Soldaten Kost vom Voitschen Standpuncte"と改題されて所載されたものである。

「日本兵食論拾遺」は、ZurNahrungsfrage in Japanと題された短かいものであるが、現代で題訳すれば、「日本の食料問題」となろう。

森鷗外は、1888（明治21）年帰朝後、翌年、雑誌『国民之友』に訳詩集「於母影」を掲げて韻文界に清新の風を起こし、この稿料で『しがらみ草紙』を発刊（1889（明治22）年）し、翌1890（明治23）年1月の『国民之友』に「舞姫」を発表するのである。

一方、森林太郎は、帰朝後直ちに陸軍軍医学校陸軍大学教官に補せられ、翌年、陸軍にてはじめてのオーソライズされた共通テキスト『陸軍衛生教程』を執筆し、これは陸軍軍医学校名で編纂出版された。また同年、兵食試験委員として日本陸軍兵食の実験的研究に着手し、他方で関係者間と大々的な「日本食論争」を提起するのである。

森林太郎は、当時の栄養学、衛生学等の近代科学の手法を自己消化しながら、日本食の体系的な研究を推し進めて、軍隊食という集団食の在り方とモデルとを構築しようとした第一人者であったのである。

第2節　フォイトの「食の標準」

森林太郎「日本兵食論」は、次の10章よりなる（一部、現代語に筆者調整）。

第一章　総論
第二章　日本食物総論
第三章　日本食物を不適当なりと主張する論者に対する駁撃論
第四章　大麦を以て米に代用する説及大沢君の麦飯消化試験
第五章　日本兵士の食物及アイクマン氏の東京士官学校に於ける食物試験
第六章　日本人兵役年齢に要する食物量及従来の軍隊栄養の批評
第七章　日本兵士食物改良意見
第八章　日本兵士食物考按
第九章　従来余の考按せし兵士食物の代価
第十章　日本兵士の予備食料

人類史上19世紀という時代は、社会経済的にはイギリスの「世界の工場」体制の確立により近代産業社会のモデルが現出し、社会医療的にはフランスのパスツール（L.Pasteur 1822～1895年）とドイツのコッホ（R.Koch 1843～1910年）によってそれまで人類を悩ましてきた伝染病の撲滅への巨歩が開始された時代であった。そして、栄養学史的には、動物生理学の発達と相俟って食物と人体生理との有機的関連が次々と突き止められていた近代栄養学の確立期であった。森林太郎の志した「衛生学」とは、まさにこれらのヨーロッパを中心とした近代のうねりのなかで、人間の「健康」に関する内外の事象を「知悉」するいわば総合科学であった。

森林太郎が「日本兵食論」を執筆するに当たってその理論的ベースとしたのは、フォイト（C.Voit 1831～1908年、ミュンヘン大学）の栄養理論であった。その理論のエッセンスは、「フォイトの食の標準」、または「フォイトの食餌比、栄養比」といわれている。

当時の栄養学アプローチは、動物実験を頻りと繰り返すというもので、実験動物としては犬が最もよく使われていた。例えば、犬に生鮮肉を食べさせ、その尿と糞を丹念に測定して窒素を計測して、蛋白質の体内での分解量や必要量を推し測るのである。フォイトは、これら動物実験の成果をはじめて人間にあてはめた。

「フォイトの食の標準」、通常「栄養比」は、1881（明治14）年（まさに林太郎が東大を卒業して陸軍軍医としての道を歩み始めた年）に彼の著書 *Physiologie de Stoffwechsels*

のなかで発表された。その要諦は、体重70キログラムの健康人の場合、日量蛋白質118グラム、脂肪56グラム、含水炭素500グラム、熱量3055キロカロリーを必要とするというものである。労働のはげしいものはこの数値も変わり、蛋白質の必要量は145グラムとなる。

フォイトは、これら数値をミュンヘンの労働者と営内居住の兵士について調査資料を作成したのである。この「フォイトの栄養比」はその後何人かの追試者によって調整値が提出されたりもしているが、いずれの追試者もフォイトの数値と極端にかけ離れたものではない。「フォイトの栄養比」の考え方は各方面に波及し、ドイツでも第一次世界大戦に臨んで国家の食糧政策の基礎数値として利用されている。

さて森林太郎「日本兵食論」は、フォイトが「食の標準」を問うた年から数えて5年後に、この当時最新の栄養学理論を駆使して日本のあるべき兵食を検討したものである。

「日本兵食論」によれば、フォイトの「食の標準」からみて、日本兵食は蛋白質で18グラム不足し、「無窒素物を脂肪に改算するときは」54グラム過剰だと指摘している。つまり、当時の日本兵食は、栄養学的にみて蛋白質において不足し、糖質において過剰であると結論している。

「日本兵食論」は、このようにまず栄養学的に現状の兵食が適当ではないという確認を示して、続いてこれの改良案を述べている。その改良案とは、いかに在来の食品で現状の欠点を補うことができるかということに腐心したものである。かくして彼は、米、魚、豆腐、味噌などを多用して、蛋白質101・59グラム、脂肪20・41グラム、含水炭素497・54グラムという「日本兵士食物改正案」を提出している。

が、彼は、この論文において食事の栄養学的摺り合わせに終始しているわけではない。栄養学的摺り合わせは、いわば集団食の結果としての帳尻合わせの事項であって集団食の設計目的はもっと別のところにあった。彼の兵食論の主眼は、洋食採用主張者に対して日本食擁護を主張することであった。

第3節　高木兼寛の洋食による脚気《かっけ》対策

当時日本社会で最も憂慮されていた事項は、文明開化に伴うコレラ、赤痢、腸チフス、ジフテリア、疱瘡、発疹チフスなどの急性伝染病の猛威であった。脚気もまた主に細菌による感染病と見なされていた。

今、脚気と言っても既に若年齢層では死語となりつつあるが、富国強兵の国家建設の過程で、脚気は誠に深刻な病いであった。例えば1882（明治15）年8月に起こった清国との壬午事変では、日本軍艦三艦と清国の二艦とが仁川沖で対峙したが、日本軍艦側は艦内に脚気患者が多数発生して事実上の戦闘能力を欠いていた状態にあった。そこで、これを援護するために品川沖に碇泊中の軍艦を派遣することを決めたが、この艦内でも乗組員309人中180人が脚気にかかっていて派遣を断念せざるをえなかったのである。

表2－1に日本海軍の脚気罹病率を見るが、脚気によって毎年2万人以上の死亡者を出していた時代である。

当時の最後進資本主義国日本は、その国体など多くをヨーロッパの後進資本主義国ドイツに学び、憲法はじめ各制度を輸入し、陸軍軍制も同様であったが、日本海軍においては、幕末に薩軍が鳥羽伏見の戦いに、イギリス軍艦にいたウィリアム・ウィルス（William Willis、1861（文久元）年に英国駐日公使館付き医師として来日）の援助を求めて以来の縁で、海軍ではイギリス流が学ばれた。後の東京慈恵会医科大学の創設者としても知られる海軍衛生の先導者高木兼寛軍医総監も、ウィルスの紹介でロンドンのセント・トーマス病院に学んでいる。

既に七つの海の支配権を得ていたイギリスの海軍と医学は、船員から壊血病を一掃していたのであるが、高木兼寛は1882（明治15）年に海軍の全組織を通ずる脚気病調査委員会を設置して、これの対策に全力を尽くすのである。高木は、イギリス海軍には脚気が発生し

表２－１　日本海軍の脚気罹病率

年	兵員数（人）	患者数（人）	発生率（％）
1878（明治11）年	4,528	1,485	32.96
1879（明治12）年	5,081	1,979	38.95
1880（明治13）年	4,956	1,725	34.81
1881（明治14）年	4,641	1,162	25.06
1882（明治15）年	4,769	1,929	40.45
1883（明治16）年	5,346	1,236	23.12
1884（明治17）年	5,638	718	12.74
1885（明治18）年	6,918	41	0.59
1886（明治19）年	8,473	3	0.04
1887（明治20）年	9,106	0	—
1888（明治21）年	9,182	0	—

出所：伊達一男『医師としての森鷗外』1981年，績文堂出版

ないことを知って、これの食物に注目した。

高木の得た結論は、イギリス海軍の食物中に含まれる窒素（すなわちタン白質）に炭素との比が1：15であるのに対して、日本海軍の食物は1：28となっていること、この比が1：20乃至1：23程度までなら脚気の発生をみないということであった。彼は、軍艦や練習艦を使って、同じ航路を、異なった食物を積み込んで、短期や長期に航海させては脚気の発生状況を観察した。他方では、犬を二手に分けて日本食とイギリス海軍食を与え、日本食の犬は典型的な脚気になったが、イギリス食の犬は肥って発育したという動物実験結果を得た。

かくして、日本海軍では肉とパンを主体とする洋食を兵食として採用するところとなり（パンは不便で捨てられることも多かったため暫くして麦飯にかわる）、脚気の発生数を極端に減らすことに成功しつつあった

のである（表2－1）。

しかし、森林太郎「日本兵食論」は、この海軍の洋食採用、そして文明開化の世を挙げての洋風化志向に厳然と対立して、日本食擁護論を展開するのである。

第4節　森鷗外の日本食擁護の立場

「日本兵食論」において森林太郎が論証しようとしたことは二点である。

第一点は、先述の「在来食物ニ多少ノ加減ヲ施サバ学術上ヨリ見ルモ完全ナル食物ヲ得ルニ至ル」ことである（在来食物は多少の加減で完全食物となる）。

そして、第二点は、「日本陸軍ニテ食物ヲ欧風ニ改良スルノ困難ナルコト」であった（陸軍で欧風食物採用は不可能だ）。実は、森の論証は全てがこの第二点目の論点を優先させたものである。

彼が、同論文の第七章、第九章で述べている項目は、陸軍の兵員数、日本の農業生産高、調理法、そして経費の諸項である。

陸軍の兵員数は20万人である（これに対して海軍はその僅か40分の1、5千人である）。次に、日本の農業生産高は、麦類1634千トンであり、牛肉は1万4160トンである。

20万人の兵食にパンを供給するとなると年間4万6千トンの麦が必要となるが、これは供給上問題ない。しかし、牛肉を供給しようとすると1万4976トン必要になって、日本の供給量を全て陸軍に振り向けても届かない。仮に輸入にこの供給を仰ぐとなれば、国家経済の重大問題である。

第三に調理法にも問題が大きい。日本の現状ではパン焼きのカマも少なく、大軍の行く先にてカマを製造することも大変である。またパンは嵩が大きく運搬に不都合で、乾燥したりカビがはえたりしてロスも大きい（海軍は、軍艦内に調理施設を保有整備しうるし、食材の調達も停泊先で容易にできる）。

最後に経費の点では、陸軍の兵食経費は一日米6合で3銭2厘7毛、副食代6銭で合計9銭2厘7毛であるが、洋食を採用すれば牛肉のみですでに9銭5毛となり、大幅な予算超過となってしまう。ちなみに、先述の彼の日本兵士食物改正案では、その経費を一日10銭2毛としている。経費アップは若干（8・1％）に留められるというのである。

以上のように、森林太郎「日本兵食論」によると、集団食の理論とは、集団の健康を保持するために適正な栄養を提供することとあわせて、集団の性格に基づく食材の調達条件、物流、調理条件、等が勘案されるべきこと、予算経費の概念が重要であること、が確認されるのである。加えて、彼の場合には20万人の給食対象者を与件とすることから、日本全体の食料問題と国家経済の関連が押えられていることの意義が大きい。

集団食の思想文献をみるに、一方では禅宗での集団修業の場への給食論や江戸時代の商業の発達に伴う商家集団食のガイドブック等幾つかあるが、いずれも食事に対する心構えの開陳や調理技術の解説を試みたものである。明治という近代で思索した森林太郎にしてはじめて、集団構成員の健康の保持・増進と、食料問題と連携する集団食の特性とを明示しえたものと評すべきであろう。

彼の在来食物、日本食をもって陸軍の兵食とすべしという方向は、その後の軍隊調理法のなかで全国各地の郷土料理を大動員しながら様々に豊富化され、ついには日本型食生活を軍隊食のなかに具現化していくところとなるのである。この点は、前章「近代国家の形成と食生活の向上という目標」で指摘したところである。

しかしながら、森の提起した陸軍兵食は、ビタミン発見以前の状況とはいえ脚気問題の解決を置き去りにしたままであり、この問題は永らく日本陸軍を悩まし続けるのである。

その後の現実問題として陸軍での脚気の蔓延と海軍での脚気の消失という事態に対して、森は、脚気の原因を食生活に求める見方を排斥し、脚気の原因を未発見の病原菌とするという観念に囚われ続けた。そして森は自らの権威と権力を総動員して、脚気の原因を食に求める勢力と徹底的に対峙し続けるのである。この頑なさは、常人の想像を超えるほどだともいえる。

けだし、これも森が「兵食論」を築いた留学時のヨーロッパ医学会が伝染病克服という人類の巨歩を進みだした熱狂の中でのことであったことにより囚われた観念であったと推測することもできないわけではない。が、単に自説に拘泥する権力的な頑迷者だとみなせなくもない。そのために、陸軍兵士の大量死をつくり出していったとする歴史は冷静に評定されなければならないであろう。

今一つ、森林太郎がドイツより帰国直後に仕掛けた「日本食論争」において、黃蛍居士（筆名）より「森氏ハ幼ヨリ資財ノ家ニ生シ・・黎民粒々ノ辛苦ヲ見ズ・・山村僻邑可憐ノ惨状・・衆庶ハ家計ニ困シ菜色アリ尚ホ且ツ餓死スルモノアリ・・兵食ノ試験ハ以テ日本食ノ標準トナスニ足ラズ」と痛烈に批判された。要するに森は資産家の家系であり、日々食に不足している庶民の生活からはかけ離れた空論である「兵食」も日本食の標準とはなりえないと断じるのである。

とはいえ、森の出自を持ち出しての論難は、論そのものの検討評価とは異質な次元のものである。国民食としての「軍隊食」というテーマ設定としてこれを見るときの意義は前述のとおりである。そして、逆説的ではあるがその帰結として米食を存分に担保した軍隊食は国民の憧憬するところとなり、国民の軍隊への動員の有力な説得アイテムとして機能したということも事実である。

［参考文献］

宮本　忍『森鷗外の医学と文学』1980年、勁草書房
伊達一男『医師としての森鷗外』1981年、績文堂出版
丸山　博『森鷗外と衛生学』1984年、勁草書房
高木和男『第一増補　食と栄養の社会史』1985年、（自費出版）
松井利彦『軍医森鷗外―統帥権と文学―』1989年、桜楓社
伊達一男（小堀桂一郎校閲）『続・医師としての森鷗外』1989年、績文堂出版
吉村　昭『白い航跡』上・下、1991年、講談社
坂内　正『鷗外最大の悲劇』2001年、新潮社
秦　郁彦『病気の日本近代史』2011年、文藝春秋

第3章　工場制度の創出と近代家族制度の確立

第1節　ロバート・オーエンの実験

建築史家である鈴木博之は、１９８７（昭和62）年の夏に、イギリスのグラスゴーから汽車で一時間程隔ったラナークの町に赴いた。ラナークの近く、ニュー・ラナークを訪れるためである。

ニュー・ラナークは、経済学や歴史学、社会思想史などの研究者の間では夙《つと》に知られたところである。

近代社会の源流は、イギリスの産業革命にあることは言を俟たない。18世紀の後半に起こった産業革命は、社会的生産活動の編成単位を産業資本に委ね、市場経済の展開による競争と効率的な生産過程の構築とによって、それまでの世界歴史とは画された圧倒的な生産力を人類の手にもたらすところとなった。現代社会が、この産業革命によって確立された近代資本主義の延長線上にあることは勿論のことである。

しかしながら、同時に、この産業革命の展開は、旧来までの人々の社会生活を一変させるものでもあり、また新しい社会の黎明期として、数々の社会的軋轢を伴ったことも確認しておかなければならない。この様子は、カール・マルクス（Karl Marx 1818－1883）によって「資本の原始的蓄積過程」と命名され、経済史家による固有の研究領域とされている。

18世紀の後半から19世紀の前半にかけて、イギリスの各地では繊維産業（綿工業）を牽引力として近代的産業が一斉に叢生し、人々の地域移動を刺激して、各地で産業都市が急膨張していく。しかし、この急膨張は、苛斂誅求な労働者の搾取と、都市の貧困と不衛生、すなわち都市のスラム化とを激しく再生産していた。工場は、そこで働く人にとっていわば煉獄であった。

このような社会実態に反対する思想として社会主義が人々を魅了していくのであるが、初期社会主義者の系譜に真っ先に挙げられるのが、開明的資本家ロバート・オーエン（Robert Owen 1771－1858）である。オーエンは、研究史家によって、ニュー・ラナークの紡績工場の経営者としての実績をもって、初期社会主義、空想的社会主義の頂点に位置づけられている。

A・L・モートンの『イギリス・ユートピア思想』には、この件《くだ》りが次のように説明されている（鈴木博之『夢のすむ家』（1989年、平凡社）より再引用）。

「イギリスでは、ほかならぬオーエンによって、空想的社会主義はその絶頂にたっしている。オーエンは、資本家がまだ生産の実際の組織者《オルガナイザー》であった時期の最初の成功せる資本家であった。かれは新しい機械と工場を、その内側から理解していた……。

　オーエンは、ニュー・ラナークにおいて、労働時間を短縮し、賃銀をふやし、十分な社会施設をもうけ、なおかつ実質的利益をあげることのできた経験から、すでに生産力が、社会全体の豊かになる可能性がだれの目にも明白になる程度にまで発展したことを確信させられた。」(178頁)

オーエンは、年少の労働者には工場内学校をつくって教育まで施したとして、博愛主義者、教育者としての評価と名声も得ている。

ところが、この研究史上、ある種の理想郷、理想都市とも評せられるニュー・ラナークを実際に訪ねた鈴木は、現在も管理よく残るニュー・ラナークの建物群を見て俄に暗澹《あんたん》たる気持ちに襲われる。


「木々の間に見え隠れする工場は、建設可能な土地を目いっぱい使って建てられているようだ。これは町から離れてひっそりと息づく隠れ里、というよりもむしろ逃げ場のない収

図3－1　ニュー・ラナーク配置図

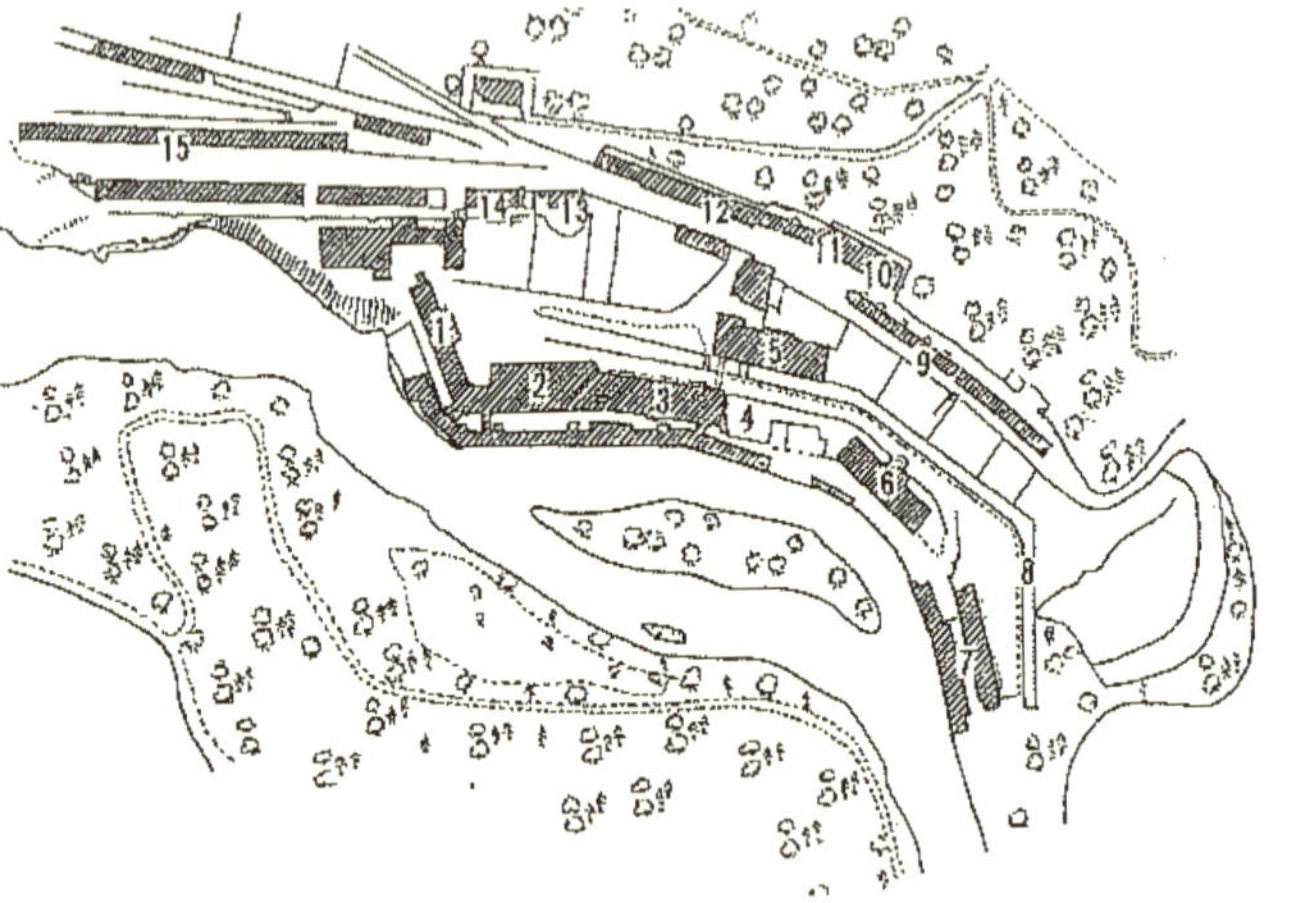

ニュー・ラナーク配置図

1. 第一工場
2. 第二工場
3. 第三工場
4. 第四工場用地
5. 管理棟
6. 学校
7. 工房、染色工場
8. 用水路
9. 労働者住宅と給料支払所（左端部）
10. ヴィレッジ・ストア
11. 保育所
12. ニュー・ビルディング
13. ロバート・オーウェン邸
14. デイヴィッド・デイル邸
15. 労働者住宅

出所：鈴木博之『夢のすむ家―二〇世紀をひらいた住宅』1989年，平凡社，181頁

容所のようではないか。」（182頁）

オーエンの実践は、詰まるところ、作業の安全性と能率の向上を目指し、工場の生産性向上のために最適な労働環境を工夫したものに過ぎないのではないか、と感想するのである。オーエンは、工場内の整備だけでなく、住宅改良、舗装整備、衛生施設の設置、そして購買部の開設などを行った。

2千人以上の労働者には毎週、賃金代用の金券で給料が支払われたりしており、この賃金も購買部で相当部分が回収されたはずである。結果として、オーエンは、25年間の工場経営で40万ポンドの利益を上げたのである。

とはいえ、1833年の画期的ともいえる「工場法」でさえ、18歳未満の年少労働者の労働時間を一日12時間に、13歳未満の児童の労働時間を一日9時間、一週48時間に制限することがやっとという時代の更に以前のことである。

いずれにせよ、オーエンの実践は、空想的社会主義者としてよりも、むしろ、テーラーシステムに先立つ近代的工場管理手法の案出者としての系譜のなかで再検討されなければならないかも知れない。

ともかく、19世紀の前半では、オーエン主義は一つの理想として各方面から注視されていたのであるが、19世紀の後半に至って、急速に社会的関心が薄れていく。

1948年の経済恐慌の以降、かのマルクスやエンゲルスをしてさえ、革命気運の退潮が明瞭であるとして経済学の再研究に退かざるをえなかったというくらいに、経済発展の成果が具体的に人々の生活の向上となって結びついてきたからである。

第2節　職住近接の労働者の食

ではニュー・ラナークでは、工場労働者の食生活はどのようなものであったであろうか。鈴木の訪問記ではこの点が不明であるが、労働者住宅の配置や写真などの資料を見る限りでは、工場給食のようなものが実践されていた様子はない。

管見の限りであるが、イギリス社会生活史の様々な文献を尋ねても、給食の実践を見つけることができない。恐らく、当時、工場労働者は、工場周辺（徒歩通勤圏内）に集住し、食事は、家庭又は周辺の外食施設を利用することが一般的であったのではないかと思われる。ニュー・ラナークでは、外食施設のようなものは見当たらないが、とにかく、〝収容所〟と見紛う程の職住近接であるから、「非生産部門」である給食の提供は及ばなかったのであろう。イギリス社会経済史の大家、角山栄は、『産業革命と民衆』のなかで、1860年ごろの熟年労働者の一日を、およそ次のように復元している。食に関する部分だけピックアップしてみる（『産業革命と民衆』２４８～２５４頁の記述から、筆者抜粋）。


朝五時半起床、紅茶を一杯飲む。

又は出勤途中ゆきつけのスタンドで暖かいコーヒーを飲む。あるいはパイ売り女から二シンやパイを買う。

午前六時、工場の始業。（遅刻者は入れない。）

午前八時、ベルが鳴って三〇分間の朝食時間。家へ帰って朝食をとる。

又は、工場の門の前にあるコーヒー・ショップや「めしや」で朝食をとる。

朝食の内容は、ポーリッジ（オートミールのかゆ）、パンとバター、紅茶、のみ。外食の時は、ポーリッジのかわりに卵一個（時間の関係）

午後一時から二時まで昼食は一時間。家に帰って昼食をとる人が多いが、独身者や遠方からの人は近くの大衆食堂で済ます。

内容、スープ、パンとチーズ、紅茶かコーヒー一杯、以上で三ペンス。ジャガイモ一皿、別売りで三ペンス。パンとミルクだけなら二分の一ペンスですんだ。

「職場へ腰弁持参というのは余りきいたことがない」

午後六時または五時終業。家庭で夕食。内容は、燻製のニシン、パンとバター、紅茶。

但し、賃銀の支払日の金曜日（又は週末）は、ベーコン、シチューにした鰻、ウェルクス（貝）、小えび、燻製のニシンなどふだんは高くて買えないものがでた。

日曜日には、もっとも豪華な正餐《ディナー》を摂ったが、ここでは骨つき羊肉など肉も出た。


さて、以上のように、食事の内容も相当に単調であり、家庭食も外食も献立面では大きな違いはなかったようであるが、彼の国の工場労働環境に腰弁及び職場給食が入り込む余地はなかったようである。

けだし、職住近接という環境条件がある限り、腰弁と職場給食の必然性がないのだということであろう。

第3節　家事労働担当者としての主婦の誕生

農村共同体の基底としての大家族生活は、近代産業の発展とともに、都市における核家族的家族生活へと次第に置きかわっていくのであるが、家庭生活に関するイデオロギーは、家庭生活の実態の変化にスピーディに追いついていくことができなかった。

その結果、産業都市において核家族が大量に形成され、世帯主は工場勤務となる傍らで、家庭生活の形成と維持のために必要不可欠の労働のことごとくが家事労働として主婦の役割とされる社会通念が普及した。〝主婦〟という近代的概念の成立である。

主婦とは、労働と家庭とが分離される、あるいは仕事場と家庭とが分離される近代資本主義下での新しい概念である。

家事一切が主婦の役割とされ、子供を育て、家のなかを清潔にし、夫のために暖かい夕食を用意することが主婦の業務とされた。

食の領域でみると、工場側は、労働者の食事をすべて工場の外に置き、家庭の問題として社会的に了解してもらうことができたのである。

他方、食の領域をすべて引き受けることになった主婦の立場は実に大変であった。角山栄は別の論文で、1857年のランカシャーや陶業地帯では既婚婦人の30パーセントは働く婦人であったとし、マーガレット・ヒューイットの『ヴィクトリア時代の工業における主婦たち』(1958年)を引用して、彼女たちは仕事と家事のかけもちで、休む暇もない忙しさであったとしている(角山栄・川北稔編『路地裏の大英帝国』48頁)。

「朝仕事に出かける前に赤ん坊に着物を着せ、授乳して託児所へ送るのに半時間、出かける前の家事の雑用に1時間、工場まで徒歩約30分、ついで工場内での実働12時間、三度の食事に1時間半、夜、帰宅にかかる時間が徒歩約30分、さらに帰宅してからの家事、就寝の準備に1時間半、――こうしてみると、一日24時間のうち残るのはわずか6時間半……」

この期に資本主義の洗礼を受けた国ではどこでも同様の事情であった。二十世紀の初頭に出版された資料によれば、ドイツの既婚女性工場労働者の一日は次のようである（『近代を生きる女性たち』２４７～２４８頁から再引用）。


＜四人の小さな子供のいる工場労働者の場合＞

朝四時半起床。火をおこし、コーヒーを沸かし、昼食のための肉と野菜の準備をして火にかけ、ベッド・メイキングをする。

六時四五分。子供と一緒に家を出、子供たちを託児施設に連れていき、工場へ出勤。

一一時半～一時半、帰宅。食事を暖めて食べる（おそらく家族一緒）。家事もできるだけ済ます。

一時、工場での仕事再開。

夕方、夕食。彼女が用意し、片づける。

このような家庭生活の像は、しかしながら、当時のほとんどのマルクス主義者、社会主義者の立場からは、女性の社会的労働への参加が彼女達の抑圧の原因だとして、彼女達の労働市場からの撤退と家庭への専念によって、好ましいものに転化できるであろうとされた。例えばドイツのマルクス主義者として著名なアウグスト・ベーベル（August Bebel 1840－1913）はその著『婦人論』のなかで、家庭生活の重要性と、主婦が家庭にいることの重要性とを主張している。

第4節　家事労働共同化の試み

この点で、マルクス主義的社会主義を分化させる以前の空想的社会主義のなかには、家事、就中《なかんずく》食事と育児とを女性固定の役割とするという考え方からの解放、いわゆるマテリアル・フェミニズムの思想を内包していたと評することができる。

ロバート・オーエンのニュー・ラナークにおける実験は、実はこの点からも、イギリス及び各地の急進派から大いに注目されたという事情がある。

ニュー・ラナーク内に設置された保育所は、オーエンによって性格形成学院（Institute for the Formation of Character）と名付けられた。

オーエンはこの保育所について、次のように述べている。「この学院は、子供たちが歩けるようになったら、すぐにでも受け入れることができるよう工夫されています。あなたがた、家庭の母親の多くは、この方法によれば、子供をより手あつく保護し、より上手に養育することができます」（『家事大革命』42頁より再引用）。

この発想をもっと具体的に推し進めるかたちで、オーエンは、ドイツの宗教団体から買いうけたアメリカ、インディアナ州ニューハーモニーで、理想コミュニティプランを作成した。このプランは、オーエンお抱えの建築家、スラッドマン・ホイットウェルによって1825年に設計されたもので、平行四辺形（Parallelogram）と呼ばれた。この施設は、実際には実現されなかったが、建物のなかには、コミュニティ・キッチン（共同炊事場）、保育所、そして初期の女性協会の施設が組み入れられていたという。

同時代のフランス人で、代表的な空想的社会主義者に数えられるシャルル・フーリエ（Francois - Marie Charles Fourier 1772－1837）も強く女性の解放を訴えた一人である。彼は、「女性解放の程度によって、その社会の解放の度合がわかる」とも、「女性の権利を拡大することは、すべての社会進歩の根本的な要因である」とも述べている（同、44

頁より再引用）。

彼らの急進的考え方は、少なくない人々に支持されて、その具体化を旧世界（ヨーロッパ世界）で試みた例もなかったわけではなかったが、流石に抵抗が大きかった。故に、彼らの思想は、新天地、アメリカで次々と具体化され、実験されるのである。

ドロレス・ハイデン（Dolores Hayden）『家事大革命』（*The Grand Domestic Revolution*, 1981）によると、1820年代の初めからアメリカにおいてオーエンは約15のモデル・コミュニティ建設の実験を奨励し、フーリエは、1840年代の初めから約30の結社（ファランクス phalanges ファランジュ）の建設を促したとされている。

これら実験的コミュニティに共通することは、集団による家事の遂行であり、それによって個別に行う家事労働の煩労辛苦から女性を解放するという目論見である。そのための具体的デザインは、家事労働の社会化、共同化である。

1843年、ニュージャージー州において約125人の構成員で設立された北アメリカ・ファランクスでは、台所のないプライベート・アパートや寄宿舎の中に、共同のキッチンや洗濯室、パン焼き室が設置されていた。1855年、ドイツとスイスからの移民たちがアイオワ州でつくりはじめた7つの協同村では、一棟で50人に食事を提供できる共同キッチン・ハウスを52棟建設した。図3－2は、1つの信仰をもった共産主義ともいえるコミュニティ

図３－２　ニューヨーク州ケンウッドのオナイダ・コミュニティで建てられた共同住宅の１階平面図

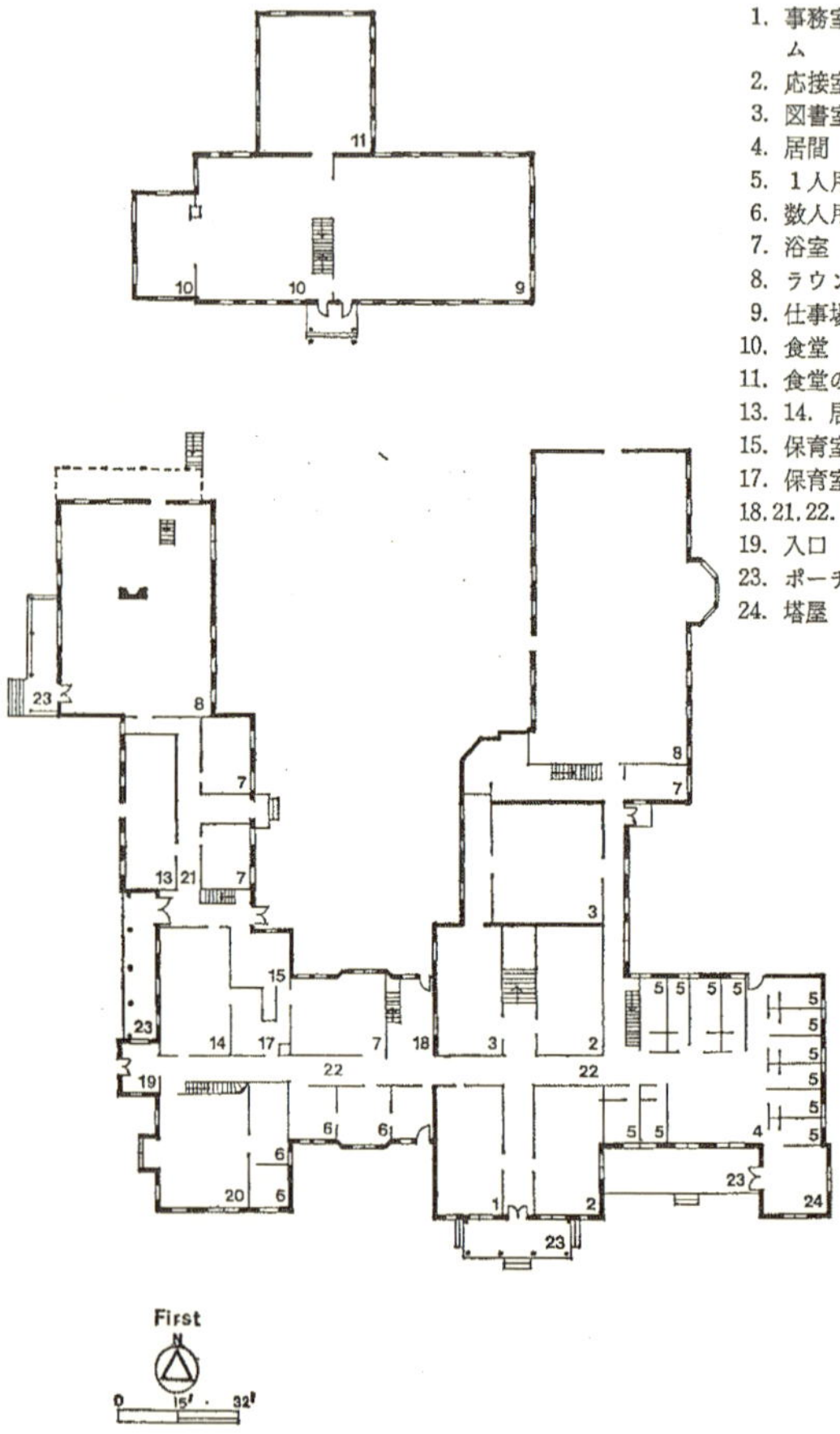

1. 事務室とクロークルーム
2. 応接室
3. 図書室
4. 居間
5. １人用寝室
6. 数人用寝室
7. 浴室
8. ラウンジまたは仕事場
9. 仕事場
10. 食堂
11. 食堂の増築部分
13. 14. 居間
15. 保育室用台所
17. 保育室
18.21.22. 廊下
19. 入口
23. ポーチ
24. 塔屋

出所：ドロレス・ハイデン，野口美智子・藤原典子他訳『家事大革命―アメリカの住宅，近隣，都市におけるフェミニスト・デザインの歴史―』1985 年，勁草書房，55 頁

で、ニューヨーク州ケンウッドに建てられた共同住宅の一階平面図である。食事の共同化が物理的に具現化している様子がよく分かる。

生産労働＝工場労働と家事労働を社会化、共同化する試みは、資本主義確立期に拡大する社会矛盾を突いて、少なくない人々の参加と関心を得るところとなったのである。

第5節　家事労働と資本との提携

1841年、今日の家庭の在り方におそらく最も強い影響を持ち続けてきたと思われる画期的な本がアメリカで出版された。家政学を専攻した人ならお馴染みであろうキャサリン・ビーチャー（Catharine E Beecher）『家庭経済論』（*Treatise on Domestic Economy*）である。彼女は、1869年に妹ハリエット・ドーチャー・ストウと共著で『アメリカン・ウーマンズ・ホーム』（*The American Woman's Home*）を出版して、その考え方を確立した。ビーチャーとストウの主張は、アメリカの中産階級に向けてなされたものであるが、いわば郊外の一戸建住宅における良妻賢母の典型を示そうとしたものである。

彼女らの業績は、第一に家庭で召使いを使わずに、自分の力で熱心に合理的な知恵を発揮して家事を遂行すべしという考え方を体系化したことであり、第二に、そのために、栄養学や生理学や建築学など新しい科学的な見方と訓練とを女性教育の必須科目に位置づけたことであり、第三に、その裏づけとして幾つもの改良住宅、改良台所のプランを提出したことである。

これ以降の家事の共同化という考え方や実践を進める人は、すべからく彼女らの影響を受けない人はなかったといってよい。

アメリカの消費者協同組合のアイデアと運動は1830年代の後半にはじまるとされるが、ここでも協同店舗、協同洗濯場、協同パン焼き場など、女性の解放を実現しようという試みが広汎になされていた。この協同組合運動を通じた協同家事という考え方は、メルシナ・フェイ・パース（Melusina Fay Peirce）とメアリー・リヴァモア（Mary A. Livermore）によって新しい発展のヒントを得る。

1869年、パースのアイデアを伝える呼びかけが、次のようになされた（『家事大革命』104頁より再引用）。

「ケンブリッジ市民の皆様、協同家事に関心をお持ちでしょうか。もし関心がおありならば、日時と場所を決めて、この問題について考える機会を持とうではありませんか。特に炊事、洗濯、掃除などの「家庭内手工業」に「資本」との提携、「労働」の「分業」と

「組織化」といった現代工業の各分野へ必要不可欠な方法が適用可能かどうか、実際に実験してみて、勉強してみようではありませんか。」

つまり、家事労働を資本と提携させてみたらどうであろうかというアイデアである。

このアイデアは、2つの異なったかたちでやがて現実のものとなっていく。

1つは、食事クラブである。1つのグループが1つの会社を作り、監督者、支配人、会計係が1人ずつ選出され、クラブ用として一軒の家を買って改装し、メンバーの家族がこれを利用した。

もう1つは、調理済食品配達サービスである。前掲ドロレス・ハイデン『家事大革命』によると、1869年から1921年までに創立された調理食品配達サービスの20の実践例が詳細にリストされている。

これら食事クラブと調理済食品配達サービスの組織化と発展は、洗濯事業の協同化で実績を上げていたリヴァモアの貢献するところが少なくない。

ドロレス・ハイデンの分析によると、調理済食品配達サービスが比較的成功した地域は、大都市とその郊外であったとのことである。「なぜなら、そこでは近隣での組織よりも、もっと効率的なサービスが喜ばれたからである。どちらのタイプも、中流階級の家族、特に妻が外へ出て広く活動している家族にとって魅力的であった。また同様に、独身の男女にとっても魅力的なものであった。近隣食事クラブは、食料の共同購入と、共同で準備をし食事をすることを結びつけた。近隣食事クラブは社会的革新を強調したが、一方で調理済食品配達サービスは、企業家によって営利的に運営され、技術革新を強調する傾向があった。たいていの場合、配達サービスを利用する方が費用が高くついた。」(『家事大革命』278頁)

さて、かなり駆け足で、資本主義の勃興期と確立期に、人々がこの新しい経済システムに馴致されていく過程で、食の問題をどのように取り扱おうとしてきたかということについて、典型的な諸国の実例を垣間見てきた。そこでは、少なくとも我が国の経済発展の場合と比べて、工場と家庭、労働と生活の概念的区分が比較的明瞭であったように思われる。もちろん、工場給食もやがて普及していくはずであるが、この時期までは、まだ我々の目の前に確《しか》とした姿を現わさないままである。

職住近接という条件をベースに、核家族の形成を是とし、主婦の役割に期待して、労働者の食は、家庭と一部外食とにおいて調達が可能であったのであり、職場給食を呼び込んでいくまでには至っていないのである。しかし、他方で、主婦への過重な労働の要請は、家事労働の社会化を夢想しつつ、一部では家事サービス産業への萌芽的展開を推し進めていくのである。

これに対して、最も遅れて資本主義的な発展の途に着いた我が国のケースでは、女性を主婦として社会的に格付けすることも、核家族化を一般化することも著しく遅れるか、もしくは僅少規模の範囲に留まり、工場制度の創出と確立にあたっては、遠隔地より若年女子を孤立的にスカウトし、彼女らを工場内に集住させて労働力化したために、彼女らの食の領域を工場側において丸抱えしなければならなかったという事情があった。

我々は、次なる課題として、我が国における資本主義的経済発展とそれによる国民の食の再編成という問題に接近していかなければならない。

〔参考文献〕

角山　栄『産業革命と民衆』1875年、河出書房
角山　栄・川北　稔編『路地裏の大英帝国』1982年、平凡社
ジャン・ポール・アロン編、片岡幸彦監訳『路地裏の女性史―十九世紀フランス女性の栄光と悲惨―』1984年、新評論
ドロレス・ハイデン、野口美智子・藤原典子他訳『家事大革命―アメリカの住宅、近隣、都市におけるフェミニスト・デザインの歴史―』1985年、勁草書房
アン・オークレー、岡島茅花訳『主婦の誕生』1986年、三省堂
鈴木博之『夢のすむ家―二〇世紀をひらいた住宅』1989年、平凡社

川越　修・姫岡とし子・原田一美・若原憲和編著『近代を生きる女たち―十九世紀ドイツ社会史を読む―』
1990年、未来社

第4章　近代工場制度の開始と産業給食

第1節　近世の給食マニュアル

集団給食と栄養学の歴史と理論に関する大系的な社会史研究を著した高木和男によると、都市と商品経済の著しい発展を呈した我が国の近世後期（18世紀の後半以降）においては、商家などに大勢の人が集合して食生活を共にするようになることに対応して、集団的炊事のガイドブックが多数出版されたことが指摘されている（1）。

すなわち、『勘者御伽双紙』、『カマドの賑い』、『和漢三才図絵』、『成形図説』、『大和本草』、『徳用食鑑』などは、江戸時代後期の集団給食の手引き書的役割を重宝がられて、版を重ねていたのである。しかし、その内容は、ほとんどもっぱら米の炊飯テクニックに留まったものだといってよいであろう。

これらは、明治以降の我が国の近代化の歴史のなかでは忘れ去られていくのである。明治以降の近代国家の形成過程において、近代社会の具体的実態が浮上してくるに及んで、改めて集団給食が必然化される場面が登場する。1つは軍隊の創設であり、もう1つは工場制度の創設である。

明治政府が、列強に包囲されて被植民地化の脅威のなかで、富国強兵と殖産興業を国家スローガンとして、強力な諸施策等を推進したことは改めて指摘するまでもなかろう。そして、この富国強兵と殖産興業を実現する社会組織が、軍隊と工場制度であることも同様である。

江戸時代の軍隊すなわち藩の兵は、平時においては藩士への扶持米の給付によって食糧供与は済まされていたわけであるが、近代国家の常備軍においては、食糧は無論のこと衣服、兵器など、すべてが国家管理の下に供与されるところとなった。その食糧も、いわば食事素材の食料品としてではなく、栄養価や兵隊の嗜好性を踏まえた食事の形で供与されなければならない。ここに近代国家の誕生による集団給食として、兵食の発展がみられるのである。

では、一方の工場の方はどうであったであろうか。

第2節　官営富岡製糸所の工場給食

江戸末期の開港後、我が国の最大の輸出品は生糸であった。生糸は、世界商品として需要が高く、ヨーロッパの絹織物工業および日本の開港とほとんど同じ時期に始まったアメリカの絹織物工業に対する原料として需要が膨張しつつあった。

折しも、ヨーロッパの養蚕業は1854(安政1)年以降、微粒子病と呼ばれる蚕病の大流行によって大打撃を被り壊滅状態にあった。ために、フランス、イギリス、イタリアといった絹織物工業先進国は、病気をもっていない蚕種を求めて、ギリシャ、トルコ、コーカサスと供給を仰いでいったが、これらの地方にも病気の流行が移り、かくして、商人たちは、開国直後の日本と中国(清国)へ生糸・蚕種の買いつけに殺到したのである。

明治政府にとって、外貨を獲得して欧米先進資本主義国からさまざまな技術導入を急いで経済的発展を目指すことは何より優先される課題であり、原資となる外貨獲得のために生糸の輸出振興を図ることもまた同様であった。

このような状況下で、明治政府はいち早く生糸の生産を輸出向けの生産体制に切り変えた。江戸時代までに発達した我が国の在来の製糸技術は、胴繰り(胴とり)およびこれから進化した手挽きといわれるものであったが、これの改良版として座繰《ざぐ》りという技術が導入された。座繰りは、ベルトまたは歯車という動力伝導機構を用いて、生産性の向上を狙ったもので、ベルト利用のものを「奥州座繰り」、歯車利用のものを「上州座繰り」という。座繰りは、開港による生糸輸出の増大とともに急速に普及し、上質糸の生産のために改良工夫も行われた。

その一方で、明治政府は、フランスの高級な製糸法を輸入するために、器械製糸の官営工場の設立を実行した。群馬県富岡の官営富岡製糸所がそれである。同工場は、１８７２（明治5）年開業であるが、これを契機として、翌年には小野組二本松製糸場（こちらはイタリア式技術を導入した）が開業するなど、各地に器械製糸技術の導入が図られた。

富岡製糸所は、政府がフランス人技師ブリマナを招いて建設したもので、1万5千6百余坪の敷地に、東西の置繭所、ボイラー室、繰繭所、繰糸場、工女寄宿舎、フランス人用官舎（8人のフランス人がいた）などの建物17棟が並ぶ一大製糸工場であった。

ここには、約4百人の女子工員が働いていた。当時、政府の指示を受け、県庁からの命令で女工の募集にあたった松代藩士横田数馬の息女「英《ひで》」（のち和田英）も、郷里信州埴科《はにしな》郡松代町から3泊4日の旅程で群馬県甘楽《かんら》郡富岡町に着き、富岡製糸所の門前まで来て、豪壮な煉瓦造りの建物に目をみはったという。当時16歳の彼女は、ほぼ同年代の14人の娘たちと一緒に、同工場に就業の目的で富岡に来たのである。彼女が書き記した『富岡日記』（東京法令出版、１９６５年復刻、創樹社、１９７８年、いずれも絶版）は、経済史研究者にとって貴重な一次資料であるが、同書にはまた、日本ではじめてのこの近代的工場で、産業給食が実施されていた様子が窺える（2）。

彼女の入所は、１８７３（明治6）年4月1日であるが、はじめの頃は、まだ食堂ができておらず（その他の施設も一部未建設のものがあった）、各自の室で食事をしていたが、11

月になると大食堂ができて、ここに集合して食事をするようになった。ただし、ご飯の茶碗と箸は各自で食堂に持参した。

給食の形態は委託形式で、炊事の受託責任者は賄の頭取と呼ばれていた。食事の内容は、当時としてはかなりよかったのではないかと思われる。

平日の朝　味噌汁と漬物
平日の昼　煮物（豆、芋、切こんぶなど）
平日の夕　干物（たまには牛肉）
月に3日（1、15、28）　赤飯とさけのしお引

ある日、臭いのついた飯が出て、受託責任者は、工場長よりきつく注意された、ということが書かれている。

ここに集められた女工は、各藩の士族の息女が多かったと思われる。彼女らは、ある期間富岡製糸所で働き、その後は日本の各地で設立が見込まれる新式工場の幹部技術者として養成されたのである。横田英の場合は、1年間を同所で過ごし、後に故郷松代（現長野市松代）へ帰って、「六工社」という近代製糸工場を建てている。

やや後日談になるが、絹糸の製糸工場は、富岡製糸所をハードおよびソフトのモデル工場として、ここで就業した人たちが各地、主に長野県下で多数の製糸工場の設立・運営に参画していく。これらの製糸工場は、明治中期から昭和の初めまでの間に片倉製糸として合併されていく。この中心地が諏訪湖畔、岡谷であった。山本茂美の名作『あゝ野麦峠』の舞台である。

それはともかくとして、富岡製糸所開業後十数年後には、日本の生糸はアメリカ市場で圧倒的販路を確保していく。1891（明治24）年頃、アジア（横浜、上海、広東）からの総輸出量約15万梱の約3分の1がアメリカへ仕向けられ（残りはヨーロッパ）、そのうち3分の2は日本糸が占めるに及んでいたのである。

第3節 「生糸織工事情」にみる工場給食

いろいろな意味で模範工場を目指した富岡製糸所の開業後、製糸業のみならず広範な業種で工場制度が全国各地で擬されていくのであるが、これら工場制度において、我が国は、近代的労働関係のあり方に関しては無自覚なまま、雇主のむき出しの恣意によって労働条件が決定されるという短くない時期を体験することになる。

近代資本主義の発生期には各国共通に生じる時代の不幸であるが、このような事態を公的に是正する目的をもって、やがてその確立期にはこれも各国共通に「工場法」が議会によって制定されるところとなる。

イギリスの最初の工場法は1802年であったが、我が国の工場法成立は1911（明治44）年である（猶予期間が5年あり、施行は1916（大正5）年である）。これに先立つこと8年前（1903（明治36）年）、農商務省は、全国、各業種の工場で就業者がどのような労働環境、生活事情にあるかを大規模に調査した報告書を作成した。社会調査史上、著名な『職工事情』である。

『職工事情』で調査報告されている業種は、繊維3部門（綿糸紡績、生糸、織物）とその他13部門（鉄工、硝子、セメント、燐寸、煙草、印刷、製綿、組物、電球、燐寸軸木、刷子、花莚、麦稈眞田《ムギワラサナダ》）である。

ここでは、「生糸職工事情」をみてみよう（1901（明治34年）調査）。

まず、1898（明治31）年の工場統計では、職工徒弟10人以上の雇用実績のある製糸工場数は、表4－1の通りである。

同書は、続いて表4－2のようなデータを挙げて、女性従業者割合が9割を超える状況を指摘して、「生糸製糸造は女工の業なり」と述べている。また、従業者の年齢別分布を表4

表４－１　重要産地の職工徒弟 10 人以上を雇用する工場数および職工数

県名	工場数	職工数(人)
長野県	613	31,263
岐阜県	243	7,935
山梨県	132	8,602
愛知県	86	5,495
三重県	92	3,588
群馬県	63	3,376
福島県	63	2,937

資料：「明治 31 年工場統計」，「生糸職工事情」
出所：生活古典叢書第４巻『職工事情』（1971 年，光生館），131 頁

表４－２　全国生糸職工の男女別構成

	実数（人）	構成比（%）
計	107,841	100.0
男工	7,908	7.3
女工	99,933	92.7

資料および出所:表４－１に同じ(132 頁)。

表４－３　長野県上諏訪，下諏訪，須坂，松代地方の 205 工場の生糸職工の年齢別構成

	計	男工	女工	計（構成比）（%）
計	13,620	1,102	12,519	100.0
10 歳未満	153	3	150	0.8
14 歳未満	2,189	54	2,135	13.2
20 歳未満	6,273	274	5,999	37.7
20 歳以上	5,005	770	4,235	30.1

資料および出所：表４－２に同じ。

－3のごとく明らかにして、年少者の就業は「心身ノ発育」上好ましくないことを主張している。

彼女らの通勤事情については統計的に示すことはできないが、おおむね「大工場に在っては寄宿舎多く小工場に在っては通勤者多し」としている。彼女らの食については次のように説明されている（引用文、筆者一部調整）。

［食堂の様子］
「食堂は板の間に卓子腰掛を排列し、その上に食器を載せたる所あり、あるいは板の間に莚を敷き長机のごときものを備え、工女は其側に坐して食する所あり」
［食物の様子］
「食物は概して粗悪なり」
（諏訪地方）
飯は米飯
副食物　味噌汁と漬物を常例とする
時々野菜を供する
稀に乾魚を与えるところあり

付近より来たる女工は、自家より時々菜を取寄せて食べる者もあり関西各県では、寄宿舎の設備も「食物待遇」もこれよりずっと良いと報告している。

以上は、器械製糸工場の職工事情であるが、我が国の製糸業は、先述のように人力依存の座繰りを用いた製造現場をその底辺に広汎に有していた。座繰りは多く「自家製造」ないし「家族」労働として営まれているが、「群馬県の座繰り生糸業では規模がかなり大きく」工場製造とみなすべきである。ここでの工女の食物事情は、次のようである。

「米三分、麦七分の飯に味噌汁（朝食、夕食）と漬物（昼食）だけ」というお粗末なもので、味噌汁といっても、ただ熱湯に味噌を投げ入れただけのもので工女より不満が大きい。また越後から来た工女が少なくないが、米どころの彼女たちにとっては、座繰り工場の食事は量も少なくまったくもって「苦痛」だと報告されている。

ここに描かれる女工の実態は、すでにして富岡製糸所とは大きくかけ離れているといえよう。富岡製糸所での女工たちの労働条件は、後年の「女工哀史」でイメージされるようなものではまったくなく、そこで働く人たちには新技術を習得する意欲と誇りがあり、それらを支える内容のある食事提供もあったように思われる。

第４節　寄宿舎食堂と弁当給食

「綿糸紡績職工事情」は関西地区の大規模16工場を調査している。ここでは、職工の住民は表４－４のごとくである。女工の寄宿舎の割合が高い。

寄宿舎は、居室の他に、浴室、食堂、洗顔場があり、大規模な工場になると病室を具備するのが通例であった。寄宿舎の食事の様子は、次のようである。

飯　米質は下等で、炊き方が粗雑なため、臭気があり、口にしたくない

副食物　「比較的粗悪」

ために、職工が寄宿舎を厭う一因となっている。内容は次のようである。

飯　通常米飯にして稀に麦飯のところあり

副食物　野菜乾物を主とし、毎月数回は小魚類を供することを普通とす。稀に毎週肉類を供するものあり。

表４－４　関西16工場の紡績職工の通勤者などの状況

	計	男工	女工	計（構成比）(%)
計	27,239	6,024	21,205	100.0
寄宿舎	10,711	18	10,693	39.3
指定下宿舎	2,047	1,293	754	7.5
通勤者	20,208	3,192	7,016	74.2
社宅在住者	4,263	1,521	2,742	15.7

資料：「綿糸紡績職工事情」
出所：生活古典叢書第４巻『職工事情』（1971年，光生館），114頁

次に、指定下宿では、「食費は寄宿舎に比べて少なくとも三～四割は高く、実際飲食する品物は、ことに副食物は寄宿舎よりも粗悪」である。しかし、寄宿舎と比べて、出勤を強制されたり、監督がないことを選ぶ職工もいるわけである。

さて、同調査報告書では、当時の紡績工場において、産業給食の原型をかたちづくっていることがわかり注目される。すなわち、給食の運営には直営と委託の2形式があること、一部工場で食券制度がみられること、そして、直接食糧費は職工負担だが、それ以外の経費は雇主が負担していること、である。順に、報告書の叙述をみていく。

[直営と委託]

「食物は商人に請負わしむるものと会社自ら賄ふものあり。商人に受負《ママ》わしむる者は、往々にして粗悪に流れるの弊多き。」

［食券］

「大工場には食券を製し之を職工に渡置き食堂内にて之と引換に食物を給する所多し」「職工中往々これを売買し又は幼者これを遺失することあり」

［事業主の負担］

「寄宿職工は通常只食料を負担せるのみ。その他は凡て工場主の支出する所なり、食料は毎日六銭ないし八銭にして工場主は一人に付約十二銭の補充を為し、これを賄ふを普通とす。」

「職工事情」に付録する紡績工場通勤工女のインタビュー記録によれば、弁当をもっていって寄宿舎食堂で食べることも一般的にされていたようで、この際、副食だけ食堂で調達するということもあったようである。

綿糸紡績工場は、多数の女子工員を全国の農村から募集した。例えば、1897（明治30）年の大阪紡績の場合、募集地は和歌山、香川、石川、三重、広島、富山、大分、福井の8県に、金巾製織の場合、滋賀、兵庫の近県はもちろん、高知、鹿児島まで15県に及んでいた。このように全国から集められてきた女工は、工場の寄宿舎制度で収容されたのである。

これに対して、都市内部に叢生し、男性職工を擁する中小規模工場による工業（上の「職工事情」の繊維3部門以外の部門）では、弁当給食のスタイルが普及していたようである。

例えば、「硝子職工事情」では、男工の割合は全数の9割5分にもなり、「女工は僅かに製品の洗滌又は撰り分け等に従事するに過ぎず」と述べられている。

そして、彼らの食事は、弁当屋より弁当を取り寄せ一食4銭5厘くらいで、三食とも弁当で済ますことが多かったようである。工場内寄宿のものは、三食とも「工場主の支給」であった。同様に「印刷職工事情」では、通勤工は、「昼は弁当を持参するを常とするが、独身者は昼は勿論朝夕も工場にて弁当を購入し食するもの」が少なくなかった。弁当代はおおむね朝4銭、昼6銭、夕6銭の16銭位で、これは「会社にて賃金の内より控除して支払う」システムであったようである。

ちなみに「印刷職工事情」では、印刷工場では有害性の金属を取り扱うので、工場現場とは区別された清潔な食堂を設けるべきだと提言しているが、職工たちはそれでは食事休みにリラックスできないようだとも述べられている。

第5節　とり残されてきた産業給食

以上のように、我が国の近代化過程における工場制度の波及は、そのまま産業給食としての集団給食を包含したものであった。工場制度の歴史が浅く、一挙に産業化を達成するためには、繊維産業におけるごとき「出稼ぎ女工」を広汎に工場に集合させる必要があったのであり、そのために彼女たちに対する賄いは工場必須の要素であった。といっても、この給食はいわば工場主にとっての必要条件であり、内容的には上で見てきたように粗末なものが多く、ときとして粗悪であった。

その後、いわゆる工場法の成立によって、労働環境のあり方に社会的なメスが入り、給食内容も、例えば委託に出すとより劣悪化するものは直営に切り替わるなどの工場主側の変化もあったが、しかし、給食内容そのものが格段に向上したわけではない。

労働時間や賃金の問題、さらには働く人の健康を害した労働環境の問題の方がより深刻であり、給食内容にまでは、工場主も職工も社会も関心が届かないままであったといわざるをえない。まずは、労働者の肉体的生命的保護が求められたのであり、一連の工場法成立および施行の過程では衛生学の医師が多数発言している。またその衛生に関する事項の審議には、高木兼寛や森林太郎など軍医が参加している。

工場給食は、とりあえず実施はされていたが、兵食と異なって、その実施の思想的根拠を問われたことは無かったといってもよい。兵食が、国家目標としてより内容の充実を求めて発展する方途を追求していったことに対して、勤労者の健康と活力を増進させるための工場給食の発展の途は長らく閉ざされたままであったとみるべきである。実は、工場給食の内容の飛躍的発展を期するためには、近代的な栄養学の普及と併せて、第二次大戦後のＧＨＱによる徹底的な食糧・栄養問題への問題提起が必要だったのである。

【註】

（1）高木和男『食と栄養学の社会史』１９７８年、科学資料センター。その後、１９８５年に増補版を自費出版している。

（2）和田英『富岡日記』は、本稿執筆時（１９９２年）、絶版と記したが、その後に、筆者が信州に赴任したときに、当地で小・中学校副読本として『現代口語訳　信州古典読み物叢書』第2巻に収録され刊行されていることを知った。同書には、和田英の「富岡後記」（抄）、「我母之躾」も採録され、写真、図版、地図などの資料も付されている（信濃教育会出版部刊）。また、群馬県文化事業振興会からも『精解　富岡日記―入場略記』として刊行されている。そのほか、現在では筑摩書房（のちちくま書房）、みすず書房、中公文庫などもある。

〔参考文献〕
生活古典叢書第4巻『職工事情』１９７１年、光生館
大石喜一郎編『日本産業革命の研究』上、下、１９７５年、東京大学出版会
長岡新吉『産業革命』１９７９年、教育社
滝沢秀樹『繭と生糸の近代史』１９７９年、教育社
高木和男『第一増補　食と栄養学の社会史』１９８５年、自費出版
角山　栄『「通商国家」日本の情報戦略』１９８８年、日本放送出版協会
市原聡子「女子工場労働者と社会調査」、江口英一編『日本社会調査の水脈』１９９０年、法律文化社
湯澤則子『胃袋の近代』２０１８年、名古屋大学出版会

第5章　戦後改革と衛生・栄養問題

第1節　GHQとDDT革命

１９４５（昭和20）年８月15日、日本のポツダム宣言受諾すなわち無条件降伏によって、第二次世界大戦は終わりを告げた。ただちに戦勝国である連合国軍の日本占領が開始された。

その後の日本の食糧・栄養問題、衛生・医学、社会福祉等多くの領域で戦後改革の中心的役割を演じることになる後の連合国軍最高司令官総司令部公衆衛生福祉局長クロフォード・サムス准将（駐日時代は大佐が長かった）が、占領軍の日本進駐にあたって提案し実行された画期的な公衆衛生政策の第一弾は、ＤＤＴ（強力殺虫剤）の飛行機による大量撒布であった。

ＤＤＴは、第二次大戦の後半期に、アメリカ軍によって大量使用されることが一般化し、マラリアやハエの対策に非常に有効であったとされる。サムスは、ＤＤＴ撒布を日本が知らない「近代的な虫の駆除法」だと指摘した（ＤＤＴは、１９７０（昭和45）年になって、その毒性が問題となり、直後に使用禁止措置がとられた）。

同年10月、占領政策遂行のために連合軍最高司令官総司令部（ＳＣＡＰ／ＧＨＱ、以下

GHQ）が設置されるに際して、サムスは同公衆衛生福祉局長に任命された。オフィスは日比谷第一生命ビル、宿舎はこれに近接した帝国ホテルであった。

帝国ホテルといっても、その頃は、メイン・ロビーと廊下の床には畳が敷かれ、部屋の照明は薄暗く絶えずチカチカする裸電球1個で、暖房もなかった。各部屋のラジエーターは取り外され、洗面所の湯も出なかった。戦時中の鉄クズ集めで、ボイラーの鉄管が取り去られてしまっていたからである。が、サムスを最も悩ませたのは、何百匹ものネズミの徘徊であった。

彼らは、数ヵ月間は米軍用のC－レーション（Cタイプ軍用食）と、飲み水を塩素殺菌してある軍用飲料水袋（リスター・バッグ）で糊口を凌いだ。もっとも、彼ら上級将校は、パリで修業したコック長の腕で、C－レーションを使った「驚異的」に美味しい料理を味わったとのことである。数ヵ月後には、アメリカ本国から冷凍船によって大量の冷凍肉と新鮮な野菜が送られてくるようになった。

第2節　栄養学宣伝キャラバン隊

サムスらの役割は、当時最先端の、そして徹底した「近代的」公衆衛生の概念をもって、日本の非軍事化・民主化の改革を実現することであった。

彼は、日本国中を精力的に歩き回り、各地で詳細な調査を行った。彼は、「料理人の腕前がよければ、台所に多くのハエが集まる」という日本の古い諺（？）を見つけ、日本の遅れた衛生概念を打破するために画期的な諸施策を次々と実行していった。今日の我が国の厚生行政の優れた部分はことごとく彼の発案であるか、それを引き継いだものだといっても過言ではないくらいである。予防医学の導入、衛生統計の整備、医学教育の改革、製薬産業の育成などの彼の功績は、我が国戦後史において特筆すべきことである。

ここでは、彼の食糧・栄養問題への関与についてみておこう。

サムスは、日本国民の栄養状態の改善に責任を負う立場にあった。彼はまず「現状をできるだけ正確に把握するために、これまで行われたことがないような大規模な科学的栄養調査を日本で実施した。年齢別、経済状態（収入など）別、地域別に分類して調査が行われた。調査対象者は15万人であった。」この調査は彼らの6年間の占領期間中ずっと継続され、その後は、1952（昭和27）年制定の栄養改善法に基づく「国民栄養調査」に引き継がれている（1）。

この調査の結果、「日本人の食生活における栄養摂取パターンは、炭水化物が多過ぎ、タンパク質、カルシウム、ビタミンが不足していることがわかった。」（2）

彼の承知する近代栄養学の認識では、「個人やグループ平均で一日3000カロリーの食事を取っていたとしても、主要栄養素、特に良質のタンパク質、ミネラル、ビタミンなどが不足していれば、2000カロリーの食事の方が栄養価が高いということもありえる」のであり、多くの日本人は、このような「科学的事実」にあまりに無知であった。

当時、日本の食糧不足下に、連合軍最高司令官はガリオア資金（占領地域救済政府資金）を利用して、日本への食糧輸入を図ったが、サムスらの課題の1つは、これら輸入食糧、すなわち小麦、とうもろこし、小麦粉、バター、肉製品などをどのようにして利用したらよいかということを日本人に教えることであった。彼らは、日本の行政や民間団体を組織化、動員して、全国規模の栄養教育キャンペーンを実施した。彼らの直接指揮による国民運動ともいうべき栄養教育キャンペーンは、占領初期から4年間にわたって続けられた。

サムス回想録（邦訳『DDT革命』1985年、岩波書店）によれば、「合衆国のとうもろこしなどを利用する料理方法を教えるための専門家で構成される使節団が来日した。彼らはわれわれが保健所、学校、新聞、ラジオなどを通して行っていた栄養士による料理研修キャンペーンを援助し、日本人がとうもろこし粉を食べるように指導してくれた。われわれは一時的にはこのようなキャンペーンに成功したが、日本人の心の中には、依然として飼料を食べさせられたという屈辱的な思いが残っていることは否めないであろう。しかし、今日では日本人の日常の食事にとうもろこしを食べているのではないだろうか」と述懐している(3)。

第3節　学校給食プログラム

サムスは、調査の過程で、今期の日本帝国の海外進出および第二次世界大戦への突入は、日本固有の食糧・栄養問題にその直接的原因があったという多くの証言を得ていく。

彼は、この戦争原因説は「単純化しすぎた」ものだとしながらも、日本の非軍事化と民主化のためには、この問題が重要であることを繰り返し指摘している。

彼の得た日本の食糧生産と栄養問題に関する1つの結論は、次のようなものである。

「日本は四つの島の総面積のわずか16パーセントしか穀物生産に利用していなかった。丘陵や山地の草深く耕地に適さない斜面の多くは、羊やヤギなどの家畜類の牧草地として利用することができた。そこではわれわれの調査によれば約1800万頭の家畜を養うことができるはずであった。

しかし、主要な食糧源を穀物と家畜の両方に依存するというよりも、穀物のみに依存してきた従来の日本のやり方は、日本に永続的な食糧不足をもたらすことになった。さらに重要なことは、このことによって保健の分野で多くの問題を引き起こすことになったのである。つまり、栄養失調によって日本では異常に高い率の脚気と結核が発生したばかりでなく、確実に国民の体位が下がり、体力が減退していたのである。」（102〜103頁）

戦争原因としての食糧不足説とは、増大する人々に対して日本の食糧不足問題は一層深刻となり、工業製品を輸出し食糧を輸入する目論見で、1920年代に工業化への転換が急がれるところとなったが、ついては工業製品のための原材料を確保すること、日本製品の市場を確保すること、そして、日本への食糧輸出地域を支配することを目的として、他国を占領する必要があったのだというものである。

サムスのこの問題に対する解決策は明快である。「ひとつは、日本人の栄養摂取パターンと土地利用パターンを変えること」であり、「もうひとつは、人口の安定化、すなわち人口抑制である。」彼は、「占領期間中にこれらの解決策は二つとも着手され、現在も継続されている。将来にわたってこれらの政策が適切に継続されるならば、それは太平洋の平和維持にも役立つであろう。」と述べている（111頁）。

この解決策の実行手法として、サムスは「全国的に学校給食プログラムを実施することか

ら始めることにした。」（123頁）

学校給食は、例えば東京都文京区においては、1945（昭和20）年3月で中止されたままであった。戦時下の学校給食は、悪化する食糧事情に対して、児童の保健上、特別の措置を必要とするために、国民学校児童に対して給食実施を閣議決定したのであるが、実際上は、食糧調達難、集団疎開の開始、空襲被害のため間歇的であった。

『文京区志』（東京都文京区）によれば、「幸にして占領軍当局の好意によって、各種食糧品の供与を受け昭和21年（1946年）12月23日から学校給食は再開された」のである。が、サムスが求めた学校給食プログラムは、「栄養不良の児童にすぐ必要な食糧を提供するだけでなく、児童に脱脂粉乳や肉類のような食品の味を覚えさせることが目的であった。」彼は、「一国の国民に大きな変革をもたらすようなプログラムを始めるに当たって重要な点は、常に児童から着手しなければならないということ」を確信していたからである。

第4節　清浄野菜の開発と食の洋風化の開始

サムスはまた、次の2つの点にも特別の関心を払っていた。1つは、日本農業の「集約的肥料」農法、すなわち「下肥《しもごえ》」である。もう1つは、調査の結果、「日本人はわれわれが考えていたほどには魚類を食べていなかった」という点である。

「下肥」の問題点は、彼の所管でいうと赤痢対策である。「下肥」の効用は、サムスからみると、総毛立つようなものであった。

「保菌者あるいは気づかれない位軽度のこれらの疾病（赤痢、腸チフス、灰白髄炎など）の患者は、病原菌を腸管から糞便の中に排泄する。「下肥」と呼ばれる人間の糞便が、多くの場合処理されずそのまま用いられている土地では、病原菌が田畑に撒かれ、そこで作られた生野菜やその他の生で食べられる食物を通して健康な人間にも病気が感染していく。……人間は食事で摂取した菌を人糞として排泄するが、それが、次の食事の時には、食卓に食物としてのっているかもしれないのである」（4）

先述したように、サムスらは冷凍肉とともにカリフォルニアで積み込んだフレッシュなレタスをしばらくは食べていたが、なにしろ現在のような生鮮野菜の高度な貯蔵法は開発されていない時代である。長の船旅をした後、食卓にのる野菜類には不満も多かった。ＧＨＱによる彼らの食糧の地場調達の模索が始まった。

肉中心の食事に付随して、大量のサラダ用生野菜を彼らは求めたのであるが、この野菜は在来農法による野菜と区別されて「清浄野菜」と呼ばれた。

戦前は陸軍の代々木練兵場、戦後はアメリカ軍の宿舎が並ぶ広大な敷地の「代々木ワシントンハイツ」、その後に、1964（昭和39）年の東京オリンピック開催に際して、急拠アメリカ軍より全面返還された代々木のオリンピック競技場、ここから表参道の広い通りを進み、左折するとまもなく北青山の「紀ノ国屋」がある。

「紀ノ国屋」こそ、東京都指定の「清浄野菜販売店」第一号店（1949（昭和24）年指定）であった。PX（ポスト・エクスチェンジ、アメリカ軍の基地内に置かれる免税店）に「清浄野菜」を納品する他、一般の店舗販売も行ったので、代々木ワシントンハイツに住むアメリカ人たちは、同店によく買い物に来た。

紀ノ国屋の創業者増井徳男によると、彼が進駐軍の意を受けて、意欲的な農家を探し回り、その時に農家に提案した「清浄野菜」の条件は、次のようなものであった（平松由美『青山紀ノ国屋物語』1989年、駸々堂出版）。

・下肥を使わないこと。その結果として回虫卵はじめその他の寄生虫卵がまったく付着していないこと。
・大腸菌その他の菌が、保健所規定内の数値より少ないこと。

・汚染されていない清潔な水を使って栽培すること。とくに、地中での下肥による汚染に注意する。
・清潔な農機具を使うこと。
・一定程度の戸数の農家が、まとまって清浄栽培できること。一軒だけが清浄野菜を実行しても、周辺の農家から水、土壌によって汚染されればまったく無意味になってしまう。
・寄生虫卵は約二年間は生存することが可能なので、以前に下肥を使用してから二年以上はたった畑地であること。
・まとまった量の生産が可能で、集団としての清浄野菜団地が構成できること。

ＧＨＱは、購入する食糧品について、分厚いマニュアルを用意して厳格な購入基準を遵守していたとのことである。さらに、「清浄野菜」の購入にあたっては、厳重な衛生管理体制を作り、農家の土壌のサンプルまで、その都、度軍の衛生検査官による検査でその安全性をチェックしていた。

清浄野菜、西洋野菜、すなわち「下肥」を用いない化学肥料による野菜、レタスなどの洋野菜はこの後、急速に我が国の食卓に広がっていく。〝近代的〟農業の嚆矢および食の洋風化の端緒である。

余談であるが、現在、我が国のレタスの最大産地は長野県である。同県におけるレタス栽培の普及にもアメリカ軍が大きく寄与した経緯がある。日本の食卓では増えつつあったといってもまだレタスの生食は限られていた1960年代に、とくにその後半、アメリカはベトナム戦争遂行のために、日米安保条約と日米地位協定に基づいて、日本をその後方基地として活用した。医薬品や食料品のアメリカ軍への供給は大きなものがあった。筆者が同県川上村を訪ねた折に、同地からのレタスの出荷時期とアメリカ軍艦の出港およびベトナム爆撃のタイミング、が規則的な時間差でいつも重なっていたという話を聞いたことがある。

第5節　近代的食生活の基礎としての冷蔵庫

サムスが注目したもう1つの事項、日本人は思ったより魚を食していなかったということについては、彼がみるところの日本の「家庭に食物を冷蔵する設備がないことや輸送施設が不十分なため」だという理由があった。

彼はこの辺の事情をアメリカの牛乳と比較してみる。アメリカでは牛乳の取扱い上、適切な衛生基準があり、牛乳の保管、輸送にもしっかりとした冷蔵設備がある。このようなハード（冷蔵設備）およびソフト（衛生基準）に基づいて、アメリカでは家庭に牛乳の冷蔵設備を備えさせ、その設備が生活必需品となるような努力が払われてきたというのである。

彼の指示する〝近代的〟栄養学とは、このように、単にカロリーとか栄養の量的な側面のみを考えるのではなく、栄養摂取の質的な面であるとか、具体的な生活場面での応用面において画期的であった。彼の実践的栄養学は、したがってここでは冷蔵庫を前提としない栄養食品の粉末、脱脂粉乳の取扱いを合理化した。

近代的な食生活の基礎、すなわち衛生と栄養、そして美味しさの基本的要件として、冷蔵庫の必要性を強調したのは、恐らく我が国においてはサムスがはじめての発言者ではなかったであろうか。

いずれにせよ、以上のような次第で、GHQの矢継ぎ早の有無を言わさぬ上からの改革は、我が国の食の現場に次々と革命を巻き起こしていった。とくに、その衛生観念は徹底したものであり、当時の日本人のあらゆる予見のはるかずっと彼方にあるハイレベルのものであった。今日の食品衛生行政の基本となっている「食品衛生法」は、彼らの丹念な指導の賜物であって、1947（昭和22）年12月14日に制定されたものである。

PXに出入りし、食糧資材を納入する日本人の少なくない進取の精神に富んだ人たちは、アメリカ軍の厳しい衛生観念を学び、日本人には思いもよらない異質な文明としての食の在り方に触れるところとなった。そのような人たちのなかから、戦後の食生活の変革を担う新しいマーケットリーダーが輩出されたのは、理由のあることであろう。

先述の青山紀ノ国屋は、我が国のスーパーマーケットの草分けとして食生活史上に記録されている。九州、福岡でPXに従事していた江頭匡一は、1920年代にアメリカでチェーンレストランを興たハワード・ジョンソンを真似て、1960年代の後半（昭和40年代）から我が国でのレストランチェーン化の途に着手した（のちのロイヤルホストチェーン）。アルバイト通訳としてGHQに出入りしていた藤田田は、1971（昭和46）年にアメリカのマクドナルド社と合併で日本マクドナルドを設立した。彼らがともに外食産業の時代を創っていくのは、決して偶然ではなかったといえるのである。

【註】

（1）厚生省（現厚生労働省）によれば、終戦直後の「食糧危機を救うため、諸外国からの緊急食糧援助をうけるための基礎資材が必要となり、GHQの指令に基づいて、昭和20年12月に東京都民6000世帯・30、000人を対象に実施されたのが国民栄養調査の始まりである」。

（2）C・F・サムス、竹前栄治編訳『DDT革命』1986年、岩波書店、105頁。

（3）サムス、前掲書、121頁。

なおサムスの予測と異なって、日本人は、日常の食事にとうもろこしを食べるようにならなかった。しかし、輸入とうもろこしからつくるコーンスターチを原料として果糖ぶどう糖液糖をつくり、清涼飲料やビールとして大いにいわばとうもろこしを日常的に飲むようになった（茂木信太郎「日本人はとうもろこしを飲んでいる」『週刊ホテルレストラン』1991年6月21日号参照）。

（4）当時、食糧大増産の必要に迫られて、糞尿を十分に腐熟させる時間的ゆとりなく使うことが行われていた。下肥は、野壺や肥溜めなどで十分に腐熟させれば、もしも糞尿に病原菌や寄生虫卵が潜入していたとしても、肥料として使うころには分解が進み問題がなくなるとされている。サムスの〝近代的〟衛生学には、このような理解は無かったようである。

（5）サムス、前掲書、108～109頁。
彼のこの指摘は、我が国で一部に真剣に受け止められはしたが、しばらくは経済事情と社会基盤がまったく追いつかずに、GHQ占領開始から20年経って、やっと「コールド・チェーン勧告」へと連なっていくのである。本書第8章参照。

〔参考文献〕

東京都文京区役所『文京区志』1956年
高嶋光雪『アメリカ小麦戦略』1979年、家の光協会
C・F・サムス著、竹前栄治編訳『DDT革命―占領期の医療福祉政策を回想する―』1986年、岩波書店
マーヴィン・ハリス著、板橋佐美訳『食と文化の謎』1988年、岩波書店
平松由美『青山紀ノ国屋物語』1989年、駸々堂出版
山本保彦『サメが見た戦争―戦前・戦中・戦後サカナ事情―』1992年、北宋社
二至村菁『日本人の生命を守った男―GHQサムス准将の闘い』2002年、講談社

第6章　コントラクトフードサービスの時代へ

第1節　外食産業のスタートと給食事業への着目

我が国で外食事業が産業として社会的に注目を浴びるようになったのは、1970年代（昭和40年代半ば以降）においてである。

我が国はOECD（経済協力開発機構）加盟を機に、1967（昭和42）年より資本の自由化策に踏みきり、段階的に自由化を進めて、1973（昭和48）年（第5次）までにほぼ完全自由化（一部例外を除く）を達成した。

飲食業は、1969（昭和44）年の第2次資本自由化の際に指定業種となった。これを機に、アメリカの「マクドナルド」（合弁、1号店1971（昭和46）年）、「ケンタッキー・フライド・チキン」（同、1970（昭和45）年）、「ミスタードーナツ」（技術提携、1971（昭和46）年）、「デニーズ」（同、1974（昭和49）年）などが、次々にチェーン店展開を開始した。

また、1970（昭和45）年には大阪で、日本万国博覧会（EXPO'70）が開催された。EXPO'70は、183日間の会期中に6300万人の入場者を集めた。会場内は人波であふれ、会場内外の飲食施設は大混乱を呈した。そのなかでアメリカ館のレストラン4店は、比較的円滑な運営を実現して不思議がられた。

アメリカ館レストランの運営は、当初、アメリカ外食チェーンのナンバーワンブランド「ハワード・ジョンソン」が手がける予定であったが、経営採算の点から辞退し、代わって福岡に本拠をおく「ロイヤル」が運営した。ロイヤルは、福岡本社敷地内にあらかじめ設けられていたセントラルキッチンをフル稼働して事前処理された食材を、山陽道をピストン輸送するとともに、アメリカ・デンバーのミートパッカー（食肉加工業者）に発注しておいたポーション・コントロールされたステーキ用食肉を大阪港にコンテナで横づけして、対応した。この結果、営業的にも大成果を残し、大幅な黒字を得た。

この結果とそこで採られた手法が関係者に知られるところとなり、飲食ビジネスは、それまでの水商売感覚のものから、近代的なビジネスとして発展しうるものとして、社会的な認識が転換して、多方面から注目が集まった。

1970年代初頭（昭和45年）以降、外資、国内資本を問わず、多くのチェーンレストランが叢生《そうせい》した。のちにファミリーレストランの言葉のもとになった「すかいらーく」が1970（昭和45）年に出店し、ロイヤルも「ロイヤルホスト」（原型店、1971（昭和46）年）を出店した。

1973（昭和48）年秋、我が国の経済は、突然のオイルショックに見舞われ、それまで十数年の長きにわたって謳歌してきた高度経済成長が終焉《しゅうえん》した。それまで拡大に次ぐ拡大を続けてきたほとんどの市場は一挙に収縮した。このことが外食産業にとっては逆に追い風となった。行き場を見失った資金や物品や労働力が、急成長を見せつけ始めていた外食産業に一斉に向かった。こうして外食産業は、社会的に、名実ともに認知されるところとなったのである。

資金、人材、物品、資材を得たチェーンレストランの華々しい店舗展開に社会の耳目が引きつけられ、外食産業に社会的な注目が集まると、一般市場を対象とした、飲食店・レストランビジネスとならんで、特定市場を対象としたもう1つの外食産業分野にも、少しずつ注目が集まるようになった。集団給食分野である。

第2節　事業所給食ニーズの展開

近代的な集団給食の歴史は、近代産業の勃興《ぼっこう》と重なる。

殖産興業に邁進する明治政府肝いりの富岡製糸工場は、資材から工場システムまで一式をフランスから輸入して、総煉瓦造りで1872（明治5）年に竣工した。各地から数百人の工女が集められ、作業指導にはフランス人女性があたった。

同工場には、南北32m、東西9mの大食堂が設けられ、工女たちは交代で食事をした。工女は帰郷して、地元の製糸工場で技術指導にあたり、我が国の産業化に寄与したことが知られている。

他方、都市部に多く叢生《そうせい》した比較的小規模な工場では、従業者は持参弁当や配達弁当で食事をすませることのほか、賄いによる食事をとることもあった。専用の食堂すなわち社員食堂が設けられることは、商社など一部の事務所でみられた。

産業や経済の発展とともに、工場や事務所が増えて、従業者規模も大きくなると、弁当を供給する専門事業者（仕出し弁当の製造・配達事業）や、従業員食堂の運営を引きうける専門事業者（社員食堂の運営受託事業）も出現するようになった。また、地域で定評のある飲食店経営者への社員食堂の運営委託要請もかなりあった。

やがて、第二次世界大戦が進行するにおよんで、軍需工場への転換が増えていくが、軍需工場では、仕出し弁当類は、衛生面や栄養内容、価格面などで問題点が多いとされ、直営による工場給食が行われた。そして、工場労働者の栄養確保といった国策の後押しもあって、工場給食を請け負う給食会社が追加的に多数設立されるようになった。

しかし、これまでの時代、我が国の食生活全体が貧相であったことを反映して、むしろ労働条件全体が社会問題視されたことは多かったが、彼らの食のあり方が議論され社会の関心にさらされることは稀であった。

第二次世界大戦後、戦後復興から高度経済成長へと我が国の経済は長期の発展を体験するが、この時期は、都市部を中心に全国各地で、さまざまな規模の工場が増設に次ぐ増設を重ねた。一定規模以上の工場では、専用の社員食堂が設けられた。工場では、機械の稼働時間に合わせて従業するので、一斉に機械を止め一斉に食事をする必要があるからである。

工場給食は直営で行われたところも少なくなかったが、専門業者に運営委託するところも多く、給食事業者も規模を拡大したり、多数の事業所を受託したりして成長した。また、事業主側が、従業員の厚生面を専門に引き受ける子会社を設立して、そこに委託するという方式も試みられた（この方式は準直営ないし準委託という）。

しかし、高度成長期の渦中は生産設備、生産装置優先で、社員食堂にあてられる建物や場所は、いわば工場敷地の劣等地で、食事環境に気を遣うという考え方はほとんど見られなかった。社員食堂で供せられる食事は、従業員の栄養補給であるという考えが一般的であったのである。

やがて高度経済成長期の終わり頃にいたって、一般の食卓が豊かになりはじめ、給食メニューや提供方式などへの工夫が、少しずつ求められるようになった。それまでの給食は日々の変化がない定食方式がほとんどであったが、複数定食制が導入されたり、一部ではカフェテリア制（自由選択制）が試みられたりするようになった。

第3節　チェンジ（変化）とイノベーション（革新）

1970年代（昭和40年代後半）に入ると、外食産業の発展とスーパーマーケット形式の食料品小売業の普及を導きの糸として、我が国は豊かな食生活の時代に入りつつあった。実際、この頃を境として、それまで伸びつづけていた国民1人当たりの摂取カロリーは上限に達して伸びなくなり、人々の食生活の関心は、量から質へと移行した。

同じ頃、オイルショックに見舞われた我が国の経済は、省エネ化を合言葉に、工場の生産性向上に邁進した。それまでの人手依存の作業工程は多くが機械（ロボット）に置換され、従業員の工場作業は、機械盤を睨んだNC（数値制御）操作に変質した。

こうした工場では、単にカロリー補給としての社員食堂運営ではなく、頭脳労働、神経労働に応えられる栄養素の補給とか、精神的なリフレッシュメントを提供する食事空間といったものへのニーズが少しずつ形成されていった。

一方アメリカでは、すでに1960年代には豊かな食生活の時代を謳歌していたが、

１９７０年代から事務所やオフィスに大型のコンピュータが入りはじめた。同時に、工場と異なり、非定型的な業務が多いオフィスの生産性を高めるための管理手法、ファシリティ・マネジメントの考え方が普及して、働く人にとって快適な職場環境づくりが目指されるようになった。

その結果、オフィスのレイアウトや色使い、照明など多岐にわたり、人間工学的なイノベーションが推しすすめられるとともに、社員食堂の環境づくりやメニュープランなど、事業所給食分野においても、革新が進んだ。

給食分野においても、一般市場でのチェーンレストランの先行と同様に、アメリカのフードサービスビジネスに一日の長があったということになる。１９７０年前後からは、我が国でのチェーンレストランの華々しいデビューとならんで、給食分野でもアメリカへの視察詣でで、提携や技術導入の話が頻繁に取り沙汰されるようになった。

外資の進出は、飲食業の世界にチェーンレストランビジネスが席巻したように、給食業の世界にも、それと匹敵するような革新がもたらされるのではないかという、期待とも脅威ともいえる感情が関係者の脳裏を駆け抜けていた。

１９７０年代末頃からは、わが国でも事務所やオフィスにコンピュータが本格的に入りはじめた。当初は大型のオフィス・コンピュータであったが、やがて１９８０年代末になると、オフィス・オートメーション（OA）やファクトリー・オートメーション（FA）という言葉が頻出するほどに普及し、あわせて事務所や工場の設計そのものにおいて、快適な職場環境づくりの思想が重視されるようになった。

時はバブル経済を迎えていた。人手不足が深刻化しつつあり、ファシリティ・マネジメントの高度化と、快適な職場環境の確保が、全産業の課題となった。社員食堂運営においても、おいしさを謳うメニュー提案、心地よい食事空間とサービスなどが必須の課題となった。

1990年代以降、社員食堂は、工場においてもオフィスにおいても、生産性向上と従業員のロイヤリティ向上のための貴重な要素となった。かくして給食受託事業者は、もはや単なる食事提供事業にとどまらず、企業や職場の競争力を担う重要なパートナーへとその役割が進化したのである。

第4節　病院給食の新しい課題

フードサービスビジネス（外食産業）は、一般に不特定多数を顧客として想定するレストランビジネスと、あらかじめ特定の組織に属する人を対象とする集団給食ビジネスとに区分される。

集団給食分野には、これまで見てきた事業所給食のほかに、病院給食や学校給食などがある。それぞれに、社会諸制度の一環として位置づけられている点が、レストランビジネスと異なる。

例えば、これまで見てきた事業所給食も、勤務者の福利厚生制度（法定外福利）の一環たる公的役割がある。学校給食は、学校教育法にて規定されているごとく教育制度のなかに位置づけられ、病院給食は、医療法（施行規則）に規定される医療制度のなかに位置づけられる。

第二次世界大戦以前には、病院給食は、外人居留地に建てられた病院のあとを引きついだ聖路加国際病院（1874（明治7）年築地病院、1901（明治34）年聖路加病院）や、1933（昭和8）年からはじまる私立の慶應義塾大学病院での患者給食など、一部を除いてほとんど知られていない。

これはそれまでの治療法が、江戸期の食養法をやかましくいう漢方から洋医学に転じて食養法を避けたためと、貧者救済思想との関連を意図的に退けたためと思われる。入院患者の食事は、患者の付添い人がつくることが多かったようである。

第二次大戦敗戦後に、厚生省が多数の軍病院を接収したが、軍病院は完全介護であったために、直営の給食を実施していた。1948（昭和23）年制定の医療法は、これを引きついで病院給食の制度化を図り、1950（昭和25）年には完全給食制度を告示し、適正栄養量の確保を定めた。そして、1958（昭和33）年には、診療報酬の制度（保険の点数制度）がスタートし、食事提供の方法が一定の基準をクリアしていると、診療報酬制度に基づいて点数が加算される「基準給食」制度が確定した。

病院給食で提供される食事は「患者食」といい、「特別食」と「一般食」に大別される。「特別食」は、医師の食事箋に基づいて提供される「治療食」や、調乳、離乳食のことで、「一般食」は形態により常食、軟食、流動食に分かれる。内科系の入院患者は「治療食」が一般的だが、外科系、産婦人科系では、「一般食」が多い。

1986（昭和61）年からは、病院給食の外部業者への運営委託が解禁となり、事業所給食の受託運営を重ねて、メニューカード（仕様書）の蓄積や多様な調理法のノウハウを獲得してきた給食企業が、これの受け皿となっている。2017（平成29）年現在、1万3千数百施設、約120数万病床数を受託している。

なお1994（平成6）年からは、基準給食制度が廃止され、入院時食事療養制度へと改編されて、患者が直接、病院へ費用支払いをするようになった。これによって、病院での食事提供の質やサービスが、病院評価に一層直結するようになったわけで、良質な病院給食の実施は、経営上の重要課題であるといえる。

第5節　ナショナル・イベントの食

1964（昭和39）年10月、アジア初となるオリンピック東京大会が、会期15日間にわたり開催された。参加国は、大会史上最多の94ヵ国、参加選手・役員は7495人を数えた。

選手村のフードサービスは、実質的に日本ホテル協会に委託され、食品メーカーや冷凍倉庫業者、卸売業者などあらゆる分野のフードビジネス業界が動員されて、協業体制をつくった。事実上の国家プロジェクトである。

1960（昭和35）年開催のローマ大会の視察でメニュー内容などを研究するとともに、あらかじめオリンピック期間中に必要となる食材の種類と量を計算して、これを開催の1年前から毎週2〜3トン単位で調達し、冷凍して備えた。期間中はこれを調理1週間前から自然解凍して、選手村に配置された総勢360人のコックが調理にかかった。

調達された食材には、イスラム教徒用のハラールミートや、ジャポニカ種以外の長粒種米なども、もちろんあった。また、調理用具も特注品が並べられた。

しかしこの時のフードサービス上の成果は、これに参加した調理人の経験のなかに埋めこまれており、1970年代の外食産業の発展に直接連動することは見られなかった。

時は移って1998（平成10）年、長野で冬季オリンピックが開催された。

すでに我が国の経済は、かつてと異なり、国際化のうねりの渦中にあった。

1985（昭和60）年のプラザ合意をへて為替相場が円高基調に転じて以降、日本企業の国際化は拡大した。その結果、海外の事業所に多数の日本人が常駐する場合には日本食のニーズが、海外からの研修生が多数日本に常駐する場合には現地食のニーズが、拡大した。他方で、日常食だけではなく、来賓の歓迎晩餐などの運営も重要な企業ニーズとなった。

つまり、世界食とホスピタリティのフルライン化が、事業所給食の現場で求められていたのである。こうした国際化ニーズに対応してきた給食企業が、選手村、メディア村、ホスピタリティテント（スポンサーテント）を含むオリンピックのフードサービスの一括受注に名乗りをあげた。

かつて集団食は、均質な個の集合としての集団を想定したものであったが、今日の集団は多種多様な集団の集合であり、かつ集団をなす個も多様である。加えて、集団食が供せられる場面も多様なシチュエーションがある。

その意味では、事業所給食も、1人ひとり食事箋が異なる患者食も、オリンピックなどのビッグ・イベントでのフードサービスも、動員されなくてはならないノウハウの本質は同根である。

これらを総合して運営するノウハウは、今日の事業所給食企業に期待されるところである。

第Ⅱ部　ビジネスが誘導する食のイノベーション

第7章　チェーンレストラン事始め

いろは大王盛衰記のケーススタディ

明治の頃、花柳界に日夜出没して、同衾《どうきん》した女性の100人目、200人目という区切りに当たった女性を落籍して料理屋をもたせ、都合16店舗の出資者となった豪の者がいた。日本のビール王と謳われた馬越恭平《まごしきょうへい》である。

同じ頃、妾を店長に据えることで20店舗以上の牛鍋屋を展開した豪の者がいた。牛鍋屋の屋号「いろは」をとって、「いろは大王」と呼ばれた木村荘平である。

今日、チェーンレストランというとマクドナルドやケンタッキーフライドチキン、すかいらーく（現ガスト）、ロイヤルホスト、デニーズなどをすぐにでも思い浮かべることができる。これらのチェーンレストランの思想と仕組みは、アメリカの外食産業の発展に導かれて、我が国では1970年代以降に成長の途についたと理解されている。

では、馬越恭平の手による16店舗の料理屋はチェーン店とはいえなかったのであろうか。

木村荘平が展開した牛鍋屋「いろは」はどうであろうか。

然り、前者はチェーン店とはいえず、後者は立派なチェーン店であった。では両者の違いは何か。牛鍋屋「いろは」はどこまでチェーンレストランとして完成されていたのか。そして、妾が店長になってもよいものであろうか。チェーン理論に則して、とくとケーススタディしてみよう。

第1節　いろは大王・木村荘平

牛鍋チェーン「いろは」

筆者が学生時代に古本屋で入手した本に『ドキュメント日本人第9巻　虚人列伝』（學藝書林、1969年）がある。同書は、「たいこもち露八」こと松廼屋露八《まつのやろはち》、スリの親分の「仕立屋銀次《したてやぎんじ》」、宮中・政界の要人と親交を深め平民新聞のスキャンダルキャンペーンの標的となった「妖婦下田歌子《しもだうたこ》」、「東洋煙草大王、岩谷松平《いわやまつへい》」など、日本の明治以降の近代化の社会変遷のなかで異彩を放ち、伝説と化した11人の書き下ろし評伝である。

筆者がこの本を入手したときはまだ、筆者が将来において外食産業やらチェーンレストランやらといった研究テーマを掲げる生活を送ろうなどとはまったく予知せぬところであった。が、筆者は、この本で小沢信男の名文に惹かれて、我が国のチェーンレストランの草分けともいうべき人物に出会うのである。

その人物の名は、木村荘平《きむらしょうへい》（1840（天保11）年～1906（明治39）年）、時代が彼に付けた名前は「いろは大王」である。

明治時代、東京に「いろは」という牛鍋屋があり、これのオーナーが木村荘平である。牛鍋屋「いろは」は、最盛期（明治30年代、1900年代）には20店舗を越えたということであるから、当時としては、我が国最大のチェーンレストランであった。いや、管見のかぎり、当時、欧米でこのような同一ブランド同一オーナーによる多数店舗の運営があったようには思われない。牛鍋屋「いろは」は、おそらく当時、世界で最初にして随一のチェーンレストランであった。

妾が店長――48店を目標に

店舗名称（屋号）「いろは」というのは、木村荘平の強烈なチェーン展開の意思表示である。この意思は、彼の手になる広告文に豪語されている。「ゆくゆくは府下各所にいろは四十八店を開業仕候間……。」木村荘平は、最初から牛鍋屋のチェーン化運営を目指して「いろは」という店名を名付けたのである。それも、エリア限定（東京府下）で48店舗を予定して。

本章では、この「いろは大王」と牛鍋屋「いろは」の盛衰をみながら、チェーン運営の本質論に触れてみたいと思っているが、その前にまずは簡単に木村荘平の略歴紹介である。

「京都府宇治市の生まれ。腕白荘平は十六歳の時に家出、角力を志して失敗。以後転々と職をかえたが、ご一新の混乱に乗じ、持ち前の体力とバイタリティーに物を言わせて政界にとりいり、官設屠殺場の払い下げをうける。屠殺業を独占した他に、肉問屋、火葬場、ビール会社等も経営したが、事のついでに始めた牛鍋屋『いろは』が大当りをとって、店主荘平の名は天下にとどろいた。

『いろは四十八店』を目標に次々と出された支店の経営は、その時々に作った妾にまかせ、出来た子供が合計三十人という巨人であった。」（前掲書、小沢信男「木村荘平」より、一部筆者調整）

彼は、虚人列伝に数えられるほどの人物であるから、常人では思いもよらぬことを実行する。当時においてチェーンレストランを構想し、これを実現したことも然りであるが、その運営手法もまた奇抜であった。

「彼は、主なる支店にそれぞれ扶養する女性を管理者に置いた。そして朱塗りの人力車にうちのって、店々を順ぐりに廻走していた。いわば妾宅のチェーン・ハウス。こうして複数の彼女らに産ませた子供が、総計三十人。」

とはいえ、本章は妾論が主題ではない。外食チェーン論が主題である。以下、論述がどんな方向へ赴こうとも、筆者としてはこの主題を念頭に置いたものであることをあらかじめお断りしておく。

第2節「いろは」1号店

荘平40歳からの出発

1878(明治11)年、当時39歳の木村荘平は、神戸で営業していた旅籠屋をたたんで、第二の妻と子をしたがえて上京し、芝区三田四国町に居を構えた。ここに第二の妻と書いたが、第一の妻と子は宇治の養家に帰したままであったからである(第一の妻は明治中頃に歿し、第二の妻おまさは正妻の座についた)。ちなみに、我が木村荘平の名誉のために言い添えておくと、当時は妾は法律で公に認められた存在であった。これを「権妻《ごんさい》」という。

明治新政府の若き権力者たちは、ほとんど国許と、志士時代の現地妻の二人女房を抱えており、彼らに都合のよいお触れを出したのである。これは、当時の一般的な社会通念からみても、別に不届きなことではなかった。これを不徳と決めつけたのは、キリスト教イデオロギー支配下の一夫一婦制に拘泥する列強諸外国の思想であった。新権力者たちは、現在よりももっと外圧に弱かったので、この「権妻」のお触れは、1873（明治6）年に引っ込めて、代わりに妻の離婚請求権を認めるお触れになおした。

それはともかく、木村荘平は上京するや早速、三田四国町の一角で牛鍋屋を開店した。この時の屋号が「いろは」。「いろは」1号店の開店である。店長は、もちろん第二の妻おまさである（他の説によると、「いろは」の開店は荘平上京3年後の、1881（明治14）年とされている）。

ただし、このとき、彼の胸中にすでに一大チェーン化構想が実っていたかどうかまでは定かではない。小沢は、「いろはは手習い学問のはじまり、初心忘る可からず。新天地で新事業に立ちむかう荘平の、率直な決意がしのばれる」と書いている。

屠殺場の払い下げ

三田四国町は、かつては大名藩邸が長い塀をつらねていたが、明治維新以降はすっかり荒廃して藪だらけの原っぱとなり、そのなかに、慶応義塾と、マッチ工場と、屠殺場などがあった。

屠殺場の新設は、大久保利通内務卿の発意による明治政府の新事業であるが、これの開設場所は町中を離れた方が無難だという判断で、この地に設営されたものである。実は、木村荘平の上京は、大久保卿の子分ともいえる大警視川路利良の招請に応じたものであって、屠殺場の民間払い下げの密約があってのことであった。不浄の動物殺しと、食肉供給の大義との狭間で、世論を気にしながら屠殺場の扱いをどうするか、政府役人の苦肉の策であった。

木村は、屠殺場の払い下げ後、競馬会社をつくり頭取となり、さらに1880（明治13）年、興農競馬会社を設立する。興農競馬会社は、馬匹《ばひつ》改良を表看板に、西郷従道大将を幹事長とし、木村荘平は幹事長代行となって、三田の原っぱで春と秋の年2回、大競馬を挙行し、大競馬の二度に一度は天皇の行幸を仰いでみせたという。当時の競馬は、今日のようにギャンブルの対象ではなく、貴顕淑女たちが見物する貴族階級社会演出の行事であった。彼と彼の事業のイメージアップに大いに貢献したことは間違いない。

馬は農耕生産手段であると同時に、重要な軍事力そのものである。牛肉食の奨励普及も、体力強化を狙った軍事力強化の目的意図をもっていた。ゆえに、屠殺場の運営と競馬会社の設立は、産業を興し軍事力強化に邁進する、時の政府の思惑とピッタリ一致する事項であった。

羽田の穴守稲荷の宣伝

その後、紆余曲折はさまざまあったが、そのなかで、最大の危機といえるものは、1885（明治18）年、荘平46歳の時に、警視庁が制度を改めて府下に4ヵ所の屠殺場を設立したことで、食肉の供給が荘平の独占でなくなったことである。肉の供給はにわかに増え、市場はダンピングにみまわれるのであるが、結局、荘平は、府下15区6郡の肉問屋を大同団結して「東京売肉問屋組合」の組織化に成功し、その頭取におさまって、肉価格の値くずれを防いだ。この危機を乗り切ったとき、彼の牛肉大王としての基盤が揺るぎないものとなった。

彼は、この危機を転じてチャンスとし、凶を吉に変えたことは、故郷伏見のお稲荷さんの信心のご利益かもしれないと思い、伏見からご神体をもらって、羽田の土手のちっぽけな祠《ほこら》にまつり、大々的にご利益を宣伝した。彼こそ、羽田の穴守稲荷、中興の祖である。この宣伝が奏功して、以来、穴守稲荷が賑わったことはいうまでもない。

この頃を契機として、彼の本格的な事業の多角化が展開する。

1887（明治20）年　日暮里村町屋に火葬場「東京博善会社」ができ、荘平は理事

同年　　　　　　　　　に就任。
　　　　　　　　　　　日本麦酒醸造会社設立、社長となる。（翌年辞任）
1888（明治21）年　甜菜の製糖会社をおこす。（日本製糖会社）
1890（明治23）年　蛹から機械油をつくる事業プランに参与する。

これ以外にも、東京本芝浦鉱泉株式会社（さしずめ温泉センター）社長や、芝区会議員、東京府会議員などの肩書きも付いていく。まことに旺盛な事業意欲という他はない。ただ、小沢信男によれば、「焼場、ビール、砂糖、機械油……なんとも気の多い、あわただしい発展ぶりだ。だが、彼の事業として長くつづいたのは火葬場だけだった」ということである。が、ビールと砂糖は牛鍋屋の営業と関係がありそうである。ここで少し、当時のビール事情についてぜひひとも触れておきたい。

第3節　ビール王・馬越恭平

大日本麦酒の最高指揮官・馬越恭平

こんにちビール業界は、キリン、アサヒ、サッポロ、サントリーの事実上4レーベル（銘柄）

の寡占状態にあり、なかでもキリンビールの市場占有率がずばぬけて高い時期が長く、この時期の斯界の市場状況をして、経済学の教科書にいう〝ガリバー型寡占〟の好事例として扱われてきたことは、周知のところであろう。また、その後に、それまで長年下位に低迷し、シェア1割を割り込んでいたアサヒが、絵に描いたような起死回生の大ヒット、「アサヒスーパードライ」の新レーベルで快進撃をし、一挙にシェアを倍化させたこと、迎え撃つキリンが「一番搾り」の新レーベルで巻き返しをはかったことで、以来、ビール業界の動向は、食品業界、ビジネス界のみならず、一般消費者にとっても話題性随一であった（下戸の筆者には、これらビールレーベルの評定ができないのが残念であるが）。

ところで、キリンビールが今日（1990年代初頭）のような圧倒的シェアを確立していくのは、戦後の高度成長期のことである（1953（昭和28）年当時のキリンのシェアは33・2パーセント、1955（昭和30）年では36・9パーセント、そして1965（昭和40）年では47・7パーセントという具合である）。戦前のビール業界は、今日とはまったく異なり、攻守ところを替えて、キリンビールは、明治後期以降ずっとシェアの低迷にあえいでいた。

戦前のビール業界は、事実上、大日本麦酒と麒麟麦酒との2社独占の状況であったが、大日本麦酒のシェアはつねに7～8割、麒麟麦酒のシェアは2割前後であった。

大日本麦酒は、実は１９０６（明治39）年に、日本麦酒株式会社（のちにビール王とうたわれる馬越恭平社長）、札幌麦酒株式会社（会長渋沢栄一、監査役大倉喜八郎の財界コンビ）、大阪麦酒株式会社（社長鳥井駒吉）が合併して設立されたものである。設立時の大日本麦酒のシェアは79パーセントを占め、キリン（当時は香港ドル建のジャパン・ブルワリー）の醸造高はせいぜい2万石程度と微力であったこと、外国法人であったこと、一手販売権を明治屋がもっていたことなど諸般面倒な事情が懸念されて、この合併劇には参加しない（買収されない）で済んだ（1）。

以後、カスケードビール、オラガビール、フジビールなどいくつものビールレーベルが市場参入を試みたが、大日本麦酒、キリンの両者の挟み撃ちに合い、行き詰まって両者いずれかに吸収されるしかなかったのである。

この大日本麦酒の最高指揮官が、ビール王・馬越恭平（１８４３（天保14）年～１９３３（昭和8）年）である。

馬越恭平62歳からの出発

明治・大正・昭和を通じて１００年余りのあいだに勃興したビールレーベルの数は百数十種の多きに及ぶと見込まれるが、これの多くのものは短命で、40数種が比較的長く続いたとされている。が、これらが結局、麒麟麦酒を除くと大日本麦酒1社に併呑されてしまうのは、偏《ひと》えに馬越恭平の露骨なまでの買収統合政策の結果である。麒麟麦酒は辛うじて彼の合併政策を免れた唯一の存在だということができる。

ところで、日本麦酒、札幌麦酒、大阪麦酒の3社合同の大日本麦酒株式会社設立総会の会場は東京銀行集会所、議長は財界の大御所渋沢栄一（1840（天保11）年～1931（昭和6）年）であった。この圧倒的な市場占有率を現実のものとする企業合同は世界的にも類例がなく、これの画策は、日本の企業を合同して外国企業と対抗させようと意図した富国強兵の国策を強く反映したものであったことは言うまでもない。「寡占」自体、帝国主義時代の後進資本主義国の経済政策の表現であるが、このとき生み出された「ガリバー型寡占」は、当時の最後進資本主義国日本の経済意志の表現であったといえよう（2）。

合同の談合は、日露戦争（1904（明治37）年～1905（明治38）年）の開戦によって急速に進展をみたのである。

新会社大日本麦酒の社長には、当人の思惑どおり日本麦酒の社長、馬越恭平が就任した。ここに希代のビール王が誕生したのである。馬越恭平62歳の春のことであった。

第4節　ビール王のつくった料理屋16店舗

夷《えびす》レーベルの誕生

第2節において、1887（明治20）年に「いろは大王」木村荘平が日本麦酒醸造会社を設立したことを述べた。これは、その後、馬越恭平が辣腕をふるう日本麦酒株式会社の前身である。同社は、別の資料によれば、社長は桂太郎の弟桂次郎で、工場を東京府荏原《えばら》郡三田村に建設し、1889（明治22）年12月から醸造に着手したとある。このときのレーベルが夷《えびす》である（3）。

日本麦酒醸造会社の運営は、当初はあまりうまく行かず、当時まだ三井物産の理事であった馬越恭平が経営のテコ入れに参加して、着々と実績を上げていった。

馬越恭平は、もともとは大阪市東区淡路町二丁目の公事宿《くじ》の主人であった。公事宿とは、訴訟人の宿泊する旅館のことであるが、公事宿の手代は公事師《くじし》といい、訴訟の代筆や訴訟戦術の企画や法廷案内なども務めた。彼は、社運隆昌にはずみがつくや、1893（明治26）年、西宮の恵美須神社からご神体を迎えて工場内に安置し、会社の守護神とした。

ちなみに、1988（昭和63）年に再開発計画のために閉鎖されたこの由緒あるサッポロビール恵比寿工場は、JR山手線で渋谷駅と目黒駅に挟まれた恵比寿駅にほとんど隣接してあるが、このＪＲ恵比寿駅は、もともと１９０１（明治34）年にエビスビールの積出専用貨物線として開始されたものを、１９０６（明治39）年に恵比寿駅としたものである。ＪＲ恵比寿駅も、渋谷区恵比寿の地名も、現「恵比寿ガーデンプレイス」も、エビスビールの商標が生みの親である。

だが、夷のレーベルは、じきにニホンビールに、そしてサッポロビールにかわっていくのである。エビスという言葉は、ロシア語では大変猥褻な意味があり、後日エビスビールの宣伝にロシアに出掛けた馬越恭平は、ウラジオストックで官憲に咎められ大いに困惑したことがあったとのことである。このときのエビスのレーベル変更がそのためかどうかまでは筆者にはわからないが（確かに、エビスとは口に出してもいけないと、ロシア語に堪能な筆者のガールフレンドは教えてくれた）。

消費拡大の事業戦略

ところで、筆者の観察するところ、我が「いろは大王」木村荘平と「ビール王」馬越恭平は、以上のような歴史の接点をもっていたことの他に、明治という時代を体験した事業家として、いくつかの類縁性が認められる。

両者は、関西出身の事業家として共通しており、かたや羽田穴守神社の、かたや恵比寿神社の中興の祖として似た振舞がある。

馬越恭平の事業欲は、「ガリバー型寡占」大日本麦酒株式会社を実現させたことで窺われるが、本来の事業戦略でも卓抜したものがある。

馬越は、1999（明治32）年8月、東京新橋に我が国初のビアホールを開店させた。恵比寿ビール・ビアホールの開店である。ドイツのビアハーレBierhalleは、数百人規模の収容能力のあるものをいうが、我が国ではそのような区別をせず、ビールを飲ませるところはほとんどどこでもビアホールである。この命名は馬越恭平による（異説あり）。

ビアホールの開設は、当世風に言えば、メーカー直営の自社商品消費拡大戦略拠点の創設であり、同時にビアホール自体が自社商品（レーベル）のすこぶる効果的な広告媒体である。

この手法は、いまもビール会社によって引き継がれており、ビール会社各社の子会社の運営になるビアホール、ビアレストランは今日では外食産業の一大勢力である。しにせ恵比寿ビアホールの直系であるサッポロライオンは、全国に約170の外食店舗を擁し、株式上場（東証二部）まで果たした外食企業である（4）。

食材の川上から見て言うと、生産拠点を押さえて消費拠点を創り出すということの手法、川下サイドからの言い方に改めると、主要食材の安定調達のルートを押さえて外食産業に進出するという手法は、これまた「いろは大王」のやり口と同じである。

料理屋16店舗の開発

さらに、馬越恭平は、ビールの普及のために花柳界に狙いをつけた。芸者たちにどんどん無料でビールを飲ませて、販路拡大戦略を自ら実践した。彼は、日に夜に花柳界に出没した。その出没頻度は、以下のギネスものの記録《レコード》で推して知ることができる。

彼は同衾《どうきん》した女性には、銀の煙管《きせる》と蒔絵《まきえ》の笄《こうがい》をセットでプレゼントした。蒔絵は、彼の邸のある芝桜川町にちなんで桜の花の散らし模様だったという。彼は自家製《オリジナル》のこのプレゼントを量産して、いつも金庫にどっさり保管していた。

そして、１００人目、２００人目という区切りに当たった女性には、落籍して料理屋をもたせた。このような仕業で、赤坂、新橋、神楽坂などから料理屋をはじめた女性は都合16人となった（ということは、１００人×16店だから、えーと……）。

ところが、筆者にとって誠に残念なことは、この場合の16店舗はチェーンレストランとしての資格に該当しないことである。この16店舗は、たしかに出資者となる馬越恭平１人に収斂されるかも知れないが、一応16店舗それぞれ別々のオーナーがいて、別々の思惑、手法で運営されたので、〝学問的〟にチェーンレストランと規定するわけにはいかないのである。

かくして、さすがの馬越恭平も、この点では、二十余店舗のチェーン店経営を実践した「いろは大王」木村荘平に資格要件を譲らなければならないのである。

第5節　標準店舗と統一メニュー価格

牛鍋屋「いろは」の店舗リスト

ということで、いよいよチェーンレストランのケーススタディ、牛鍋屋「いろは」の検討に入ろう。

チェーンレストランというのは、同一ブランドの店舗を多数束ねて同時に運営する仕組みのことであるから、まずは、店舗の所在状況をみてみなければならない。

そこで、以下が牛鍋屋いろはの店舗リストである。

この支店一覧表は1908（明治41）年現在のものであるが、木村荘平は1906（明治39）年享年65歳で歿しているので、オーナー死後2年目のものである。後述するが、荘平の死後まもなく「いろは王国」は解体してしまうのである。同表に欠番がみられるのは、そのような事情の現われである（店長が、他の男性と逐電したという例もないわけではない）。また、21番店以降の支店の所在については確認できないが、1895（明治28）年ごろにはほとんど30に近い支店があったといわれる。

第一いろは　　芝区三田四国町一番地（1878（明治11）年開店）

第二いろは　日本橋区通一丁目十二番地
第三いろは　京橋区妥女町一番地
第四いろは　（欠）
第五いろは　（欠）
第六いろは　神田区連雀町十八番地（1887（明治20）年開店）
第七いろは　深川区東森下町四番地（高橋）
第八いろは　日本橋吉川町一番地（両国広小路）
第九いろは　浅草区地方今戸町九十三番地（吉原日本堤）
第十いろは　浅草区東仲町二番地（浅草広小路）
第十一いろは　（欠）
第十二いろは　本郷区本郷四丁目一番地
第十三いろは　麹町区隼町二十九番地
第十四いろは　（欠）
第十五いろは　（欠）
第十六いろは　麻布区六本木町一番地
第十七いろは　赤坂区青山南町六十三番地

第十八いろは　牛込区通寺町一番地
第十九いろは　芝区三田四国町一番地（旅館）
第二十いろは　四国区伝馬町二丁目五番地

チェーンシステムにおける店舗は、それぞれの店舗が共通性をもって運営され、そして消費者にそのようなものとして認識されていることが要件である。

牛鍋屋「いろは」の各店舗が、この要件を満たしているかどうか、順次みていこう。

チェーンレストランの資格要件

まずは、その店構えである。

舶来の赤、青、黄など五色ガラスを市松模様にあしらったガラス戸を立てまわした二階家である。どの店も屋根の上高く籏竿を立て、白地に肉太の朱文字で「牛鳥」または「養生」と書いたフラッグが翻っていた。両国広小路支店の二階家のガラス障子は、鉄道馬車からも眺められて、名所に数えられた。

なお、前掲の店舗リストをみると、店舗立地はまず盛り場、下町立地に集中出店し、徐々に山手立地をつけ加えていったようである。いずれにせよ人口集住地帯にあたりをつけた出店戦略が採られていたようだ。

次に内部の風景、接客サービスの様子をみてみよう。

「下足番から大きな下足札を貰って、広い階段を昇ると女中が座布団を人数だけ持ってきて追い込みの座敷に案内する。客が席につくと、女中は立て膝で注文をきき、それを板場に通してから、焜炉を持ってくる。やがて別の女中が長い柄のある十能で備長炭《びんちょう》の赤々と余炎のもえている火をついで行く。そして次々に牛肉や、葱、豆腐、白滝なぞを運んでくるのであるが、その女中たちは髪を銀杏返しに結って、黒襟のついた銘仙の着物に襷がけ、そして紺足袋という服装で、立居振舞も言葉遣いも荒っぽく、伝法だった。」（仲田定之助『明治商売往来』214頁）

スピーディでキビキビした接客サービススタイルが売り物であったようだ。引用文中「伝法《でんぽう》」とは、いなせな態度、特に女性が勇み肌をまねることである。一言でいうと、カッコ良かったのである。そして従業員は、ヘアスタイルからユニフォーム、足袋まで揃いのいでたちであったことがわかる。

いよいよメニューである。メニューはもちろん牛鍋であり、我々が期待するとおり、同一メニュー同一価格であった。

以上、要するに、立地、店舗、メニュー、サービス、価格と、外食店舗経営の各要素がすぐれて全店共通の意図をもって営まれていたのである。このような店舗運営手法を、外食産業の理論では業態 type of operation という。牛鍋屋「いろは」は、紛れもなくチェーンレストランであった。

だが、牛鍋屋「いろは」を調べてみて驚かされたのはこれだけではない。牛鍋屋「いろは」は前述の外観的統一性に留まらず、これを維持するためのチェーン運営の基本的仕組みをシステムとして確立していたのである。

第6節　本部機構の分化と店舗運営システム

本部による統一的店舗管理

牛鍋屋「いろは」は、「第一いろは」を本店と呼び、それ以外の店舗を支店と呼んだが、各本店支店とは別の機構として本部機構を有していたのである。

まずは、食材の仕入れであるが、これはすべて本部の一括仕入れ、各店支給である。主要食材は、肉や卵や葱、豆腐、砂糖、醤油などであるが、その他容器、燃料、従業員のユニフォームなどすべて本部からあつらえていた。

本部所在地は、芝浦の割烹旅館「芝浜館」「芝浦館」（本芝浦鉱泉会社を改めたもの）である。正確にいうと、元は後藤象二郎伯爵の別荘だった芝浜館の2階の、後藤伯の居室だった一室を本部事務所にして、荘平自身ここに寝泊まりしていた。各支店の売上はすべてこの本部事務所に集め、各店（家庭）の月々の手当ては別々に支給した。見事なレギュラーチェーン（直営店）の理《ことわり》である。

次は店舗運営システムである。

何しろ20余店舗を統一的に管理運営しなくてはならない。店舗相互の従業員の意識のレベルを揃えて、チェーン店としてお客様に同質の商品提供、サービス提供を図らなければならないのであるから、ことはなかなか大変である。

筆者が確認できたこの点での運営手法は、以下のごとくである。

第一は、オーナー自らが集金をかねて人力車で各支店をまわること。これは、従業員の働きぶりに活を入れるという役務の傍ら、催すところあれば美しい支店長を盛大に寵愛するという役務もあり、彼にとってはどれが本来の役務か筆者には判定しかねるが。とはいえ、後者も「いろは」チェーンにとっては、重要な店長管理の一環ではあろう。そのインセンティブ効果は大きかったはずであるから。ともかく、今日のチェーン理論でいうSV（スーパーバイザー）機能は、オーナー自らが十二分に果たしていたのである。

第二は、社内報「いろは日報」の発刊である。〝日報〟というのがすごい。印刷仕様は最も簡単な寒天版（蒟蒻《こんにゃく》版ともいう）であったが、これは速報性の点からいっても当然である。今日でも社内報の類はよく見かけるが、〝月報〟はあっても〝日報〟が全店に報告されているチェーンはあまりない。

「いろは日報」は、各店の営業の様子や営業成績を一覧表にして発表していた。各店のライバル意識が煽られたことはいうまでもない。

従業員規律の確立

第三は、全店、全従業員総出の親睦慰安会の挙行である。お酉《とり》さんの日には、全家族・従業員が総出でぞろぞろ練って参詣したということである。大勢の練り歩きが「いろは」宣伝の示威行動を兼ねたことはもちろんである。

この親睦慰安会は、新春二日の芝浦館での新年宴会など折々に催されたようである。おそらく専制大王の信賞必罰の機会としてもよく機能したと推測される。

第四は、社内規律の確立である。

今日、外食店舗従業者をクルー（乗組員）と呼ぶチェーンが少なくないが、「いろは」では、女性従業員を軽子《かるこ》と呼んだ。軽子とは、一般的には問屋などの荷役作業員のことである。「いろは」の軽子の作業の様子は、前節の引用文中にあるとおりで、傍目《はため》にも伝法、座持ちの愛嬌程度はあっても、色めいたサービスはご法度で、そのようなサービスの軽子は忽《たちま》ちクビであった。従業員同士の恋愛もご法度であった。禁を破った女性はひっ捕えて髪を切った。長女の栄子（曙《あけぼの》という筆名《ペンネーム》の方が通り名になっていた、後述）さえ、付け文をする男がいたという程度で、荘平に髪を切られたことがあったという。

木村荘平自身の行状と見比べると、男性横暴の限りと映るかもしれない。しかし、戦前までのおおかたの商店、会社には、このような気風がかなり一般的にあった。職場の自由恋愛など風紀を乱す行為とレッテル張りされることが多かったのである。まして荘平の場合には、店長への影響力を考えれば、これはもう規律違反の反乱行為に他ならなかった。

かくして、各支店を総括する本部機構は、歴然と機能していたということができよう。

第7節　店長スカウト人事

出産ラッシュと出店ラッシュ

いよいよ本章もクライマックスに入る。

牛鍋屋「いろは」の店長人事について検討しよう。

手掛かりに、なぜか総計30人、木村荘平の子供たちをみてみたい。以下がその名簿一覧である。

男子
(長男　早死)
(次男　早死)
荘蔵（1879（明治12）年生）
荘太（1889（明治22）年生）
荘五（1890（明治23）年生）
荘六
荘七

女子
栄子（1870（明治3）年生）
信子（1889（明治22）年生）
林子（1889（明治22）年生）
清子（1890（明治23）年生）
(五女　早死)
六
七（早死）

荘八（1893（明治26）年生）
荘九
荘十（1900（明治33）年生）
荘十一
荘十二（1903（明治36）年生）
荘十三

八（早死）
九女《くめ》
十女《とめ》（早死）
十一女《としめ》
十二《とじ》
十三《とみ》（早死）
十四《とよ》（早死）
十五《とい》（早死）
十六《とむ》
十七《とな》（1905（明治38）年生）

この表（データ）を見て、外食チェーン理論ならびに統計処理の研究を自認する筆者が注目するのは、彼らの生年である。1889（明治22）年には3人、翌1890（明治23）年には2人が出生している。双児や三つ児ではない。それぞれ母親が違うのである。

彼の子供の出生は、明治20年代と30年代（1890年代後半と1900年代）とに集中しているが（彼の年齢で40歳台後半からの出生ラッシュ）、筆者はさらに、女子の名前に注目する。十女を十女《とめ》（止）、十一女を士女《しめ》（締）、十二女を十二《とじ》（閉）、と縁起をかついでいる。子供生産は明治20年代に一気可成に展開し、30年前後には荘平の意識の上ではこの急速展開にブレーキがかかったことを窺わせる（現実には、あまりブレーキがかからなかったが）。その後は名前の通しナンバー方式での生産再開である。三男四女までとは子供生産の決意の違いを物語る命名と読む（四男、荘太は、死につながる四を避けて四画の太をはめ込んだもので、通しナンバー方式の皮切りである）。

筆者は、出産ラッシュは妾調達のラッシュと重なり、牛鍋屋「いろは」の出店ラッシュともほぼ時期を同じくしたと推測する。

木村荘平の人事大作戦

実は、木村荘平が「いろは」の各支店すべてに妾を配置したというのは〝伝説〟である。郷里、宇治の上林家から兄荘平を頼って上京した3人の妹たち（荘平が呼び寄せた）にも、荘平はそれぞれ支店を預からせた。

資本主義の発生・発展期をみるに、欧米においても事業家というのは、大家族の家族労働力を条件として商店や事業を興していることが多い。彼ら事業家たちの伝記を読んで共通するところは、家族労働力の集中投下が資本の原始的蓄積となっていることである。志を立てても家族が僅少員数の間は事実上、事業を興すことが延期されていたという事例も多い。

我が荘平においても、まずは安心して店の管理（とくに出納管理）を託せるのは身内であった。だが、店は増える一方なのに妹は増やせない。チェーン店出店政策に基づいて、このとき荘平の採った経営戦略は、この点でいささか安直であった。近代的経営管理による店長の育成を企図するのではなく、妾を増やすことによって身内を増やすという戦略を採ったのである。もっとも、このような店長獲得作戦を思いつき、かつそれを実行してしまうというところは、決して安直だともいえないが。

ゆえに、彼が妾をつくるということは、チェーン理論に置きかえて表現すると、店長候補のスカウト人事に他ならなかったのである。この点で、ビール王馬越恭平の料理店16店舗の店長人事とは、その思想がまったく異なっていたことを確認しておかなければならない（木村荘平は、酒も飲まなかったし、賭事にも興味がなかった。そして、馬越恭平のように女道楽もやらなかったのである。もっとも妾がこれだけいれば女道楽の必要もないが……）。

さて、ここが肝心な点であるが、木村荘平が求めた妾は、したがって水商売の女たちからではなく、すべて落魄《らくはく》した旗本や藩士の娘たちから求めたのである。彼女たちが読み書き算盤の素養を事前の段階で身につけていたことはいうまでもない。加えて荘平は、なるべく気品があって利口そうな娘、まじめでしっかり者にみえる娘を選んだのである。再び荘平の名誉（?）のために言い添えておくと、容貌の美醜は二の次であったとのことである。

荘平はさらに、「いろは」チェーン店の支店長に彼女らを指名して、併せて支店長職を補佐する支配人（副店長）その他の使用人に、それぞれの近親の者を置いた。かくすれば、一族一致してその店を守り立てることうけあいであり、他方で、猫ババや持ち逃げなど規律違反についてはー蓮托生の効果も期待される。こうしてみると、「いろは」チェーンは、理論上はレギュラーチェーンであるが、労働力の調達面ではフランチャイズチェーンの利点もあざとく活用していたといえる。

実に《げ》、チェーン店運営の要は店長にある。「いろは」チェーンの店長は、悉《ことごと》く木村荘平の個人業《わざ》による外部スカウト人事であり、組織内に店長育成計画《プラン》をもたなかった。これが、チェーン店拡大をあらかじめ50店未満に設定した理由の1つであり、木村荘平の没後ほどなく「いろは」王国が解体してしまう要因の1つであった。

第8節　大衆市場創出作戦

牛肉供給と消費の両面作戦

前節で、明治20年前後（1980年代後半）の牛鍋屋「いろは」の出店ラッシュについて述べたが、この出店ラッシュは、第2節で述べた木村荘平最大の危機、彼の食肉の供給独占の崩壊と再編を受けたものであると筆者は推測する。すなわち彼は、牛肉ダンピングという事態を、肉問屋組合の結成によって阻止しようと画策する一方で、牛肉の大量廉価販売の拠点づくりに邁進したというのが、牛鍋屋「いろは」の積極的な多店舗展開の背景ではなかったかと思う。牛肉消費を一挙に拡大する方途、それがチェーン店舗の息もつかせぬ急速増設を強制したのである。

けだし、牛肉の最終消費チャネルとして、小売店舗《リテイル》ではなく、外食産業《フードサービス》を選んだことは、当時まだ牛肉の一般家庭への普及が極めて浅かったがゆえに、正しい選択であった。このような戦略は、後年（1970（昭和45）年）、三菱商事がブロイラーの大量生産を手掛けるに及んで、再現された。すなわち当時ブロイラーの普及がまだ進んでいなかったので、その美味しい食べ方としてから揚げを消費者にアピールし、その販路拠点、最終消費需要の形成拡大を企図して、ケンタッキー・フライド・チキンの事業展開を同時進行させたのである。

ともあれ、木村荘平の牛肉の供給と消費の両面作戦は、見事に適中した。「いろは」チェーン店数が二桁に乗って、荘平はやっと一息ついた。店舗拡大スピードも一段落ということで、子供につけた名前が、トメ（十女＝止め）、シメ（士女＝締め）、トジ（十二＝閉じ）であった。かく追跡してみると、すでに40歳台の半ばを越した木村荘平の妾獲得作戦は、傍《はた》でうかがうほど優雅な仕儀ではなく、彼にとっては全事業の成否を決する必死の行為であったと思われるのである。

いずれにせよ、彼こそは我が国の牛肉消費拡大に尽くした最大の功労者の1人である。私利私欲と国家目的が幸福な重なり合いをするという後発資本主義国日本の明治という時代が生んだ巨人（虚人？）であった。

荘平がさらに同時進行で、牛鍋原料の1つである砂糖の製糖会社の設立に関与したことは前記した。日本麦酒の設立も、おそらく「いろは」での麦酒販売に目を付けたゆえであろう。麦酒については大衆市場《マーケット》の形成がなお時期尚早で、この課題はビール王馬越恭平へと引き継がれたことは前述のとおりである。

動く大広告塔

本節では今一つ、彼が我が国の牛肉食普及史上に果たした功績を指摘しておかなければならない。

木村荘平は若い頃、角力を目指しただけのことはあって、壮年になってもなお体重80キログラム近くの体格であった。この偉丈夫が毎日、人力車で東京中の支店を駆け廻るのである。人力車は四ツ目紋入りの赤塗りで、先綱《さきづな》、梶棒、後押しと3人の俥夫がつく。彼らは揃いの股引《ももひき》に法被《はっぴ》をつけて、学生のような角帽をかぶり、「いろは!」「いろは!」と勇ましい掛け声をあげながら大路を駆け走るのである。幌をとった俥上の木村荘平は、フロックコートに山高帽というういでたちで、膝のあいだに立てたステッキの金の握りに両掌を重ね、みごとな関羽髯《かんうひげ》を風になびかせている。

彼の存在自体が、牛鍋屋「いろは」の動く大広告塔であった。

「路上の人々は、俥上ゆたかに美髯を風になびかせて走る〝大王〟をみるたびに、牛肉がいかに〝養生〟になるものかと思わぬわけにはいかなかった。なにしろ現の証拠の精力絶倫の見本がそこにいる。人々は、オドロキと羨望とオカシミをこきまぜた面妖な気分になり、そして卒然として『いろは』にいって牛鍋が食いたくなった」

いかがであろうか。彼の仕業は、性豪伝に列伝するはいわずもがな、牛肉食史、広告史上にも異彩を放って燦然《さんぜん》と輝いているではないか。

第9節　本部機構の弱体化と王国の崩壊

チェーン運営の二代目は

「いろは大王」木村荘平は、顎癌《あご》を患った。1906（明治39）年春、本郷の大学病院で片顎をけずりとる手術をうけたが、予後が悪く、口がきけぬままに遺言ものこさず死んでしまった。享年67歳、4月27日の午後であった。一七女の十七誕生《となる》の翌年のことである。

本部機構の中枢が突如として消えてしまったチェーン店はどうなったか。

とりあえずは、長子相続権の定めに従って、28歳の荘蔵が二代目荘平を襲名した。木村家の資産はすべてが荘平ひとりの専有であったから、分産要求をめぐって姦《かしま》しい争いがあったことは想像に難くない。が、これの経緯は本書の範囲外のことである。

ただ、結果として、専制の前王とうって変わって、女房の尻に敷かれていた荘蔵の二代目襲名に落ちついたということは、とりもなおさず本部機構の維持継承が各支店にとっても必要であったからである。何しろ、これまで食材などの仕入れの一切は、本部機構が一括して執り行っていたのであり、各支店長たちは、店内マネジメントはやりえても、外食産業として不可欠の経営行動である食材仕入れはまったく不明であったのである。単なる支店の集まりならば〝いろは連邦〟も可能であったかもしれないが、チェーン店とあっては連邦制経営は不可能なのである。

チェーン店とは、本部と店舗とが一体となってはじめて機能するものである。映画製作にたとえれば、作・演出に相当する役割が本部であり、役者が店舗である。「いろは」チェーンは、理論どおりのチェーンであった。

だが二代目には、前王のようなSV（スーパーバイザー）機能を果たせるわけもなく、また旺盛な事業意欲にも欠けていたようである。牛鍋屋「いろは」のチェーンとしてのシステムの弱体化は、避けられないところであった。二代目は女房とともに、ざぶざぶと入ってくる売上現金に驚喜し、夫婦で遊興消費を繰り返した。

明治末から大正へかけて「いろは」は日に日に衰微し、支店はつぎつぎと人手に渡り、「いろは王国」は消滅した。二代目荘平は、自動車の運転手となった。井原西鶴の世界はここにもある。かくして、世界初の本格的外食チェーン店、牛鍋屋「いろは」の世界は、今ではほとんど人の記憶にもない。

荘平の子供たち

ただ皮肉というべきか、「いろは大王」の子供たちの何人かは我が国の文学史、芸術史に不滅の名を残している。長女栄子は、ペンネームを曙《あけぼの》といい、1890（明治23）年には19

歳の若さで第十番支店（浅草）で没しているが、彼女は、これまた若くして夭折した樋口一葉以前の最初の女流作家として文学史にある。彼女が「いろは」支店で帳簿づけをしながら、1889（明治22）年「読売新聞」に連載した「婦女の鑑」は、女性がはじめて新聞に連載した小説である。

荘太、荘十（直木賞作家）は作家として、荘七、荘八、荘九は画家として、荘五は歴史学者として、荘十二は映画監督として、さらに荘六（手品師）は芸人として、世に知られた。四男荘太は、1910（明治43）年、21歳のとき（荘平死後4年目）文学青年仲間とともに、芝浦館の一部を編集室として第二次「新思潮」を出すが、その第一号に掲載された短編「誕生」こそ、文豪谷崎潤一郎の〝誕生〟であった。

「東京日日新聞」の主筆で後年、銀座の目薬屋「楽善堂」主人・岸田吟香の第九子、岸田劉生と、我らが荘八は、フューザン会で結ばれ、ともに大正画壇の明星となる。木村荘八自身の描いた「牛肉屋帳場」は、仲田定之助『明治商売往来』（212頁）でも写真をみることができる。彼の絵は、「いろは」を描いたものが少なくないが、荷風の「濹東綺譚」の挿絵なども著名である（5）。

近代以降の実業家たちは功を挙げると、なぜか例外なく芸術家のパトロンを目指すが、「いろは帝国」の直系から芸術家たちが輩出したとなれば、実業家木村荘平としては本望であったかもしれない。「いろは帝国」は、店舗も妾（店長）も、もともと彼一代の生産物に他ならなかったからである。
　さて読者諸賢は、これまでの論述のなかで、チェーン理論の本質をお酌み取りいただけたであろうか。妾を店長にすることの〝経営的〟な是非も、ご理解いただけたところと思うのであるが。

〈付記〉
　本稿は、文章の性格上、いちいち引用箇所を指示していないが、木村荘平および馬越恭平の評伝部分については、末尾文献、わけても木村については小沢信男「木村荘平」（『ドキュメント日本人9　虚人列伝』のち『書生と車夫の東京』に再録）、山田風太郎「いろは大王の火葬場」（『明治バベルの塔―万朝報暗号戦―』収録）に、馬越については三宅勇三『ビール企業史』および小沢信男「大正成金物語」（『ＮＨＫドラマ・ストーリー・春の波濤』1985年、日本放送出版協会、のち『書生と車夫の東京』に再録）に多くを負っている。

【註】
（1）我が国の麦酒の歴史は、1872（明治5）年に米人ダブリウ・コプランドが横浜山の手天沼に醸造所を建設したのを嚆矢《こうし》とする。同工場は、スプリング・ヴァレー・ブルワリーと称したが（レーベルは通称天沼ビール）、やがて経営的に行き詰まり、後藤象二郎伯爵らの首唱によって、1885（明治18）年に新会社ジャパン・ブルワリーに引き継がれた。同社の醸造麦酒レーベルが麒麟麦酒である。
　1897（明治30）年に、我が国が金本位制を確立したことの影響で、ドル建ての同社は一応解散し、円建てによる新会社ゼ・ジャパン・ブルワリー・カンパニー・リミテッドと改め、この登録は、1899（明治32）年に香港にて行われた。この会社の資本金の約1割が邦人出資であったが、1907（明治40）年2月23日には、これを純邦人会社、麒麟麦酒株式会社とした。

（2）第二次大戦後、戦勝国アメリカはただちに日本を舞台として、東洋における民主主義の理想郷づくりという壮大な実験に着手する。平和憲法の制定への指導および一連の戦後改革の推進がはじまる。

その一環としていわゆる経済民主化政策があるが、ビール業界については、1947（昭和22）年12月公布の酒類配給公団法と過度経済力集中排除法が重要である。そして、1948（昭和23）年2月には、大日本麦酒と麒麟麦酒とが持株整理委員会から、同法規定の指定を受けるところとなった。当時、世評では、大日本麦酒は3つに、麒麟麦酒は2つに分割されるという見方が強かったようだが、業界内では、アメリカやドイツのようにビール工場別に数多くの独立した会社になるという噂もあった。

しかし、諸般の経緯ののち、1948（昭和23）年12月には、麒麟麦酒は同法の規定による指定の取消を受けるに至り、結果として分割を免れた。翌1949（昭和24）年6月に酒類配給公団は解散となり、ビールの自由販売制度が復活したが、同年9月に大日本麦酒は、日本麦酒（関東圏以北）と朝日麦酒（関西以西、ただし東京の吾妻橋工場も）の2つに分割された。

かくして、我が国の戦後のビール市場は、一応の経済民主化政策を体現して、ニホン（のちサッポロ）、アサヒ、キリンで三分するところから、事実上のスタートを切るのである。本文中に昭和20年代のキリンビールのシェアが3分の1であると述べたことは、この事情による。

（3）同社が木村が興した麦酒会社と同一であるという指摘は小沢によるが、現在のサッポロビール㈱の社内資料によるかぎり、同社の設立時役員名に木村荘平の名前は見当たらない。政府要人関係者を担ぎ上げるやり口は、木村荘平の得意パターンではあるが、当時、少なくないビールレーベルが叢生したと思われるので、あるいは木村の興した麦酒会社は、大日本麦酒につながる直接の会社ではなく、麦酒の供給を受けた会社またはその後統合された会社であったかもしれない。筆者はこの辺の確証を得ていないが、本書では歴史の文脈を見る意味で、あえて小沢説に従って叙述を進める。

（4）1988(昭和63)年9月に東京証券取引所第二部に上場したが、2003(平成15)年にサッポロビールグループの持ち株会社設立を柱とする事業再編に伴い、上場廃止としている。

（5）筆者に関する後日談を少々。筆者が本稿執筆のころ（1992～3（平成4～5）年）、まだインターネットもない時代である。その後に信州大学経済学部に赴任するところとなり、当地で長野市の商業課のお手伝いをすることとなった。市のスタッフの案内で市内各所を視察しているときに、北野美術館を訪問した。そこで、仲田定之助『明治商売往来』ではモノクロ写真でしかなかった木村荘八「牛肉屋帳場」の実物（油絵、1932（昭和7）年、148cm×179cm）にいきなり遭遇した。同絵は同じ木村の「浅草寺の春」とならんで同館常設の目玉であった。同館の同絵の絵葉書を数葉購入して栞がわりに常用しつつ、幾度となく同館を訪問した。

のち、筆者は『吉野家』（2006年、生活情報センター）を上梓する。このなかに吉野家の100余年の歴史と「牛丼＝牛めし」の歴史を書き、北野美術館の許諾のもとに木村荘八「牛肉屋帳場」をカラー頁で採録した。同書は「吉野家の牛丼」を語って反響があり、2007（平成19）年1月に長野市の善光寺前にある北野美術館別館の1階吹き抜けを全面利用して、シンポジウムを開催した（信州大学経営大学院主催、北野美術館、長野市商工会議所、平安堂書店共催）。北野美術館の計らいで、シンポジウム演壇の背面に「牛肉屋帳場」を吊り下げてライトアップした。この催事は大盛況であった。

直後に『吉野家』は、版元の出版社が倒産し、現在ではいわば幻の書となってしまった。悔いが残っていることがある。同書2刷りの際には訂正しようと思っていたことが果たされなくなってしまったことである。筆者は「牛肉屋帳場」に描かれた画面手前の下足番の男性を木村荘八本人だと解説するという勇み足をしてしまった。これが誤りであったことは、刊行直後に北野美術館の学芸員の方から指摘されていた。また、最近では東京ステーションギャラリーで開催された「生誕120年木村荘八展」（2013年3月23日～5月19日）

での画家小林裕児の解説でも「画面の一番奥、帳場に座っている荘八その人と思える人物」と説明されている。木村自身が随筆「牛肉店日聞」にて「帳場の人間はまあ自画像見た様なもの」(『随筆風俗帖』1943年、双雅房)と述べているので、同書で裏取りを粗相した茂木の痛恨の極みである。改めて本書にて、訂正させていただくところである。

〔参考文献〕

仲田定之助『明治商売往来』1969年、青蛙房
小沢信男「木村荘平」、谷川健一・鶴見俊輔・村上一郎編『ドキュメント日本人9 虚人列伝』1969年、學藝書林
内橋克人『伝説の日本人』1975年、ダイヤモンド社
三宅勇三『ビール企業史』1977年、三瀧社
キリンビール編『ビールと日本人』1984年、三省堂
小沢信男『書生と車夫の東京』1986年、作品社
山田風太郎『明治バベルの塔—万朝報暗号戦—』1989年、新芸術社
円谷真護『言挙げする女たち』1989年、社会評論社
茂木信太郎編『外食産業・成熟期のなかのニューモデル戦略』1990年、日本能率協会
茂木信太郎『吉野家』2006年、生活情報センター

第8章　食の産業化

第1節　5億人のTV視聴と6千4百万人の入場

1969（昭和44）年7月20日、世界中で5億人の人がTV映像に釘付けになった。アポロ11号から切り離された月着陸船イーグルが月面着陸に成功した。アメリカ東部夏時間の午後10時56分、ニール・オールデン・アームストロング船長が月面に降り立った。18分後、バズ・オルドリン飛行士も月面に降り立った。

2人は、船外でさまざまな活動をしたが、その様子がTVで地球に伝えられたのである。アポロ11号は、24日午後0時50分、ハワイ南東の太平洋上に着水して、無事帰還した。

翌年の1970（昭和45）年3月13日、大阪では珍しく吹雪ともいえる大雪であった。その吹雪のなか、51カ国の警官（交通警官）がパレードを敢行した。翌日の「万国博覧会（EXPO'70）」の開会にあわせた行事であった。

大阪万博は、3月14日から9月13日までの会期中、183日間に史上最高の6421万8770人の見学者を集めた。1日平均35万人強である。関係者の誰もが予想だにしなかった驚異的な集客である。各所で長蛇の列や入場制限が相次いだ。

大阪万博で最も世間の耳目を集めたのは、アポロ11号が持ち帰った月の石である。月の石は、いうまでもなくアメリカ館に展示された。大阪万博には77ヵ国が参加したが、月の石のおかげもあって一番人気のパビリオンは、アメリカ館であった。

そして、フードサービス関係者の注目も、断然アメリカ館に集中した。

大阪万博の会場内には多くのフードサービス施設が出店したが、どの施設も殺到する客をさばききれずに混乱を重ねた。あるいは、食材がすぐに払底して事実上の開店休業を余儀なくされた。

そのなかで、比較的混乱も少なく食材切れも起こさずに運営を続けたのが、アメリカ館のフードサービス施設であったからである。

アメリカ館（ゾーン）のフードサービス施設は当初、アメリカのレストラン王といわれるハワード・ジョンソンが担当する予定であったが、収支が合わないとの判断から担当を辞退した。代わって手を挙げたのは、九州・福岡のロイヤルである。ただ、ロイヤルの試算でも実際4千万円ほどの赤字になるとのことであったという。

アメリカ館（ゾーン）には、ステーキハウス、ハンバーガーショップ、カフェテリア、フライドチキンの4つのフードサービス施設が構えられた。

ロイヤルの試算では、会期中に7億円の売上があれば収支トントンになると踏んでいたとのことであるが、会期が終わって〆てみると10億2百万円であった。赤字覚悟の出店が大幅な黒字となったわけである。

アメリカ館におけるフードサービス施設の賑わいと、そしてこの実績とを目の当たりにして、フードビジネス関係者が色めき立った。そして、多くの関係者が、いったいロイヤルは、いかにして日々殺到する顧客に料理を提供し続けたのか、他のフードサービス施設と異なった特別の仕掛けでもあったのか、と素朴に疑問を発した。

第2節　奇想天外な構想

ロイヤルは、戦後に創業されたフードサービス企業で、九州・福岡を拠点に当時すでに2桁の店舗を擁していた。

1960年代のはじめ、ロイヤルは、福岡市天神の繁華街に店舗を出店することとなったが、敷金だけでも1坪当たり50万円と極めて高かった。当時は、コックが食材の下拵えから仕上げまですべてを調理場で処置することが当然のこととされていたが、賃料の高額なところに「広い調理場をつくって、イモの皮をむいたりタマネギをきったりしたら無駄だ」という判断で郊外に調理場をつくり、下処理した食材を冷凍して店舗に運ぶという方式を採るところとなった。

その後、1967（昭和42）年にロイヤルは日本興業銀行から5億円の融資を受け、1969（昭和44）年に九州各地への店舗拡大を構想しつつ、それらへの食材供給を睨んだ中央調理場を設けた。

大阪万博・アメリカ館へ名乗りを挙げたロイヤルは、この九州・福岡の集中調理場で調理し、冷凍した食材・食品を大阪・千里の万国博覧会会場まで大型トレーラーを用いトラックで輸送するという手法を採用した。

福岡と大阪の移動距離は約600キロメートル、ロサンゼルスとサンフランシスコとの移動距離とほぼ同じである。中央調理場でつくった食材・食品を冷凍して店舗に配送するという手法は、アメリカですでに発展していたチェーンレストランの手法であるので、ロイヤルは勝算ありと踏んだのである。

このロイヤルが採った中央調理場方式こそ、万博アメリカ館におけるフードサービス施設の神話の源として、業界内外に流布されるところとなった。中央調理場という表現はその後、セントラルキッチン方式という表現に置き換わる。

そして、セントラルキッチン方式は、後年、数多くの外食チェーンの発展に裏打ちされて、外食産業発展の原動力とか、外食チェーン成功の方程式とかの評価が独り歩きしていくのである。

ロイヤルはまた、もう1つの画期的な手法もこのときに採用している。

それまでレストランでステーキをメニューとして掲げる店では、食肉をブロックで仕入れて、注文に応じて店舗の調理場で切り分け、筋や脂肪部分などをトリミングして提供し、それから鉄板で焼き上げるというやり方が一般的であった。そのためステーキレストランは、大型の冷蔵庫や広い調理場（カッティングルーム）や大きな塊の食肉在庫を必要とする、かなり高額な投資資金が必要なレストランビジネスであった。同時に、ステーキ用食肉の整形作業が職人労働であるため、この面での制約（参入障壁）もあるビジネスであった。

ロイヤルは、アメリカ館（ゾーン）に出店したステーキハウスでも、当時の我が国の業界の常識にはなかった手法を採用した。あらかじめ大きさや形を整えて、そのまま火にかければすぐ出せる状態にした食肉を冷凍して、包装した食肉を調達したのである。この手法は、ポーション・コントロールといわれる。

ロイヤルは、ステーキ用に牛肉を、アメリカのコロラド州デンバー郊外にある大手ミートパッカー（食肉加工業者）モンフォート社（のちスイフト社）に発注し輸入して、神戸港に陸揚げしたのである。

またあわせて、ハワイからのパイナップル缶、カリフォルニア産オレンジ、グレープフルーツなども大量に使用した。当時は、牛肉もこれら果実類も輸入自由化にはなっていなかったものである。万博というナショナル・イベント会場における使用という特例措置である。

ちなみに、フライドチキンの食材である鶏肉もすべてアメリカから輸入した。アメリカゾーンに設営されたこの店のブランド（店名）は、ケンタッキー・フライド・チキンである。ケンタッキー・フライド・チキンは、大阪万博会場を実験場にして、いわば日本進出の最終テストをしたのである（1）。

第3節　フードビジネスのターニングポイント

大阪で開催された日本万国博覧会は、わが国の外食産業時代の幕開けを告げた（2）。

それまで、我が国の食生活のなかに外食という習慣はまだなく、一般に外食という行為は特別のことであると思われていたが、万博会場でのフードサービス施設の盛況を目の当たりにして、多くの関係者は、人々が気軽に外食する習慣が芽生えたと認識した。

実際、万博会場内には、レストラン241店とスナック32店が出店したが、これらの期間中の総売上は236億円に上った。1日平均1億3千万円である。

そして、なかでもアメリカ館（ゾーン）の盛況とロイヤルの健闘は、フードサービスビジネスには、それまでの我が国の小規模飲食店の経営とは異質な経営手法があり、そのような近代的な経営手法を駆使すれば、ビジネスのビッグチャンスをものにできると実証したのである。

例えば、万博会場内でロイヤルが運営を担当したケンタッキー・フライド・チキンは、1日平均160万円（最高日280万円）を売り上げた。

大手総合商社の三菱商事は、大阪万博の会期中である同年7月4日に、アメリカのケンタッキーフライドチキン・コーポレーションと折半出資による日本ケンタッキー・フライド・チキンを設立し、会期終了後の同年11月21日に名古屋郊外に1号店を出店した。同年内に3店を出店して、本格的なチェーン店展開に着手した。

ロイヤル自身は、万博開催の翌年1971（昭和46）年12月、北九州市黒崎に新店をオープンした。広い駐車場のあるロードサイドレストランの時代が到来すると読んでの出店である。この店は、ロイヤルホストと名付けられた。

また当時は、我が国の食嗜好は洋風化に向かうという常識が各方面で指摘されていたが、万博でのフードサービスビジネスの成功体験は、食の洋風化というトレンドを際立たせるところともなった。

牛肉食材のステーキやハンバーガー、鶏肉素材のフライドチキン、そして輸入果実の大量消費現場が、万博会場内に出現したからである。これらは、いわば成功メニューとして、それ以降のフードサービス店舗で主力メニューと位置づけられるところとなったのである。

折しも、わが国の農政は、1967（昭和42）年から顕在化した米の生産過剰と食糧管理会計の赤字問題からの脱却を目指して、1970（昭和45）年から米の生産調整に踏み切り、食糧政策を米一辺倒から、畜産と果樹・野菜とに展開を図っていたのである。

したがって、食の洋風化というキャッチコピーは、需要側（＝消費者）と供給側（＝農政）とが同床異夢（異床同夢？）をみるところとなり、抵抗感なく時代のなかで振幅するところとなったのである。

フードビジネス関係者にとって、大阪万博とは何であったのか。要約すると、次のようになる。

① 大量の消費者が気軽に外食する行為を発見した（外食需要の発見）
② フードサービスビジネスが大きな可能性をもつという関係者の期待が高揚した（新規参入や資金流入の契機）
③ 中央調理場（セントラルキッチン）やポーション・コントロールといった新しい

④ 経営手法が実証された（ロイヤルの成功体験の学習）
食のトレンドとしての食の洋風化が確認された（メニュー政策の具体的展開）

第4節　セントラルキッチン神話の確立

すかいらーくの社内報「ひばり」は、１９７２（昭和47）年に創刊された。店舗数が３店舗のころである。すかいらーくの1号国立店は、１９７０（昭和45）年7月に、東京・府中市に開店している（当時スカイラーク）。

6年後、１９７６（昭和51）年8月、すかいらーくが30店舗を達成した。この月に発刊された社内報「ひばり」の巻頭には、１９７０（昭和45）年7月にすかいらーくの国立1号店を作ったときの目標が「（東京）三多摩地区に30店舗作ろう」であったと、感慨を込めて述べられている。そして、この文の数行先に「次の目標は３００店舗」と、唐突に語られている(3)。

同社の経営目標では、３００店舗達成の時期は１９８１（昭和56）年目標であると勝手に決めている。わずか5年後である。29店を増やすのに6年かかっている。それが２７０店増やすのに5年だというのである。いったいどうやって、このようなことが実現できると思い込まれたのであろうか。

1973（昭和48）年、まだすかいらーくが数店舗のころ、すかいらーくの経営者は九州・福岡のロイヤルを訪ねた。セントラルキッチンの見学である。ロイヤルの経営者は快くすかいらーくを受け入れて、同社のセントラルキッチンを案内した。外食産業という言葉も、フードサービスという言葉もまだ使われておらず、斯界が社会的に認知されていなかった時代であった。両者は、ライバルというよりも、斯界の産業化を企てる同志であったのである。

このときの体験が、すかいらーくのその後にどのような具体的な寄与をもたらしたか、部外者である筆者には窺い知ることができない。事実だけ記せば、その2年後の1975（昭和50）年6月にすかいらーくは、東京・立川にセントラルキッチン立川工場を竣工した。この立川工場は、30店舗体制を賄うための「屋台骨」として位置づけられたものである。

そして、そこからさらに2年半後の1977（昭和52）年12月に、すかいらーくは埼玉県東松山市の工場団地の一角に、敷地面積3万7百平方メートル、建築面積1階8350平方メートル、2階990平方メートルという巨大なセントラルキッチンを竣工した。

総工費は24億5千万円（うち土地取得費6億5千万円）であった。前年の年商が41億円であったころである。年間供給能力1億食分を謳い、300店舗体制の「心臓部」と位置づけられた。

無謀な賭けだと思った業界関係者も少なくなかったと思われる。しかし、すかいらーくは、「店数を爆発的に作る企業は他にはない」（4）と豪語し、その通りに店数を作った。1981（昭和56）年には、「ひばり」での宣言通り300店舗を達成した。驚くべき成功神話の登場である。

倍々ゲームと称せられたすかいらーくのこの5年間の店舗急増設を前にして、業界の内外でセントラルキッチン神話が揺るぎないものとなった。東松山の巨大なセントラルキッチンこそ、すかいらーく躍進の「心臓部」であると。

確かにこのことは事実であるが、業界内外にセントラルキッチン神話が独り歩きした。そして、セントラルキッチンさえ作れば、フードサービスチェーンは成功するのだと言って憚らない人たちが続出した。外食産業界を長らく見続けた筆者のもとにも、そのように言ってのけるビジネスマンや起業家が、10年経っても20年経っても内外から訪れる。

それはともかく、今日に至るも、フードサービスビジネスにおいて、経営近代化の最大の要因がセントラルキッチンにあったとする理解は少なくない。すかいらーくの成功の故である。だが、本当にそのように理解してよいのであろうか。セントラルキッチンの実際の効能とはどのようなものなのであろうか。

第5節　進化するセントラルキッチン

すかいらーくのセントラルキッチン建設には、その前史がある。それらを含めて、東松山工場までの展開をみてみよう。

①すかいらーくの国立1号店は、1970（昭和45）年7月開店であるが、同じブランド同じメニューで2号店（国分寺）、3号店（小金井）と出店して、国立1号店の裏側を充ててソース類の集中製造をはじめた。

②2号国分寺店は、スーパーことぶきが1階で、その2階であったが、1階の後方部に厨房を移して、3店分の調理をするようにした。ちなみに、スーパーことぶきとは、すかいらーくがフードサービス事業に転進する前の食料品小売業チェーンの店名である。同社は、1972（昭和47）年11月に食料品小売業から完全撤退している。

次に、③1972（昭和47）年2月に、国分寺店の1階を拡張して70坪のスペースを確保し、ソース類とパン粉付けのほか、ハンバーグの下処理も手作業で行うようにした。この規模では、15億円の売上高まで処理能力があるとされたので、10数店舗分をカバーする考えであったと思われる。

そして、④1975（昭和50）年に上述の立川工場を竣工した。ここではハンバーグの

表8－1　すかいらーく300店舗までの歩み

年	店舗数（出店舗数）	
1970（昭和45）年	1（1）	
1971（昭和46）年	3（2）	
1972（昭和47）年	3（0）	国分寺店で集中調理加工開始
1973（昭和48）年	8（5）	食料品小売部門から撤退
1974（昭和49）年	12（4）	社名「ことぶき食品」から「すかいらーく」へ変更
1975（昭和50）年	20（8）	立川市錦町にセントラルキッチン立川工場竣工
1976（昭和51）年	34（14）	首都圏300店出店計画発表
1977（昭和52）年	67（33）	セントラルキッチン東松山工場完成
1978（昭和53）年	135（68）	東京店頭市場へ株式公開（関西地区1号店出店）
1979（昭和54）年	195（60）	兵庫県西宮市に関西物流センター完成
1980（昭和55）年	251（56）	東松山工場内に立体冷凍自動倉庫完成
1981（昭和56）年	300（49）	

資料：文献＜1＞などより作成。

自動成型機が入り、省力化が一気に進んだ。

ここから、⑤1977（昭和52）年の東松山工場へと引き継がれる。

同工場では、原材料の搬入、洗浄、下調理、調理、冷凍、冷蔵、真空パック、保管、配送の作業が一貫して処理できるようになった。導入されている機械は5百台。同工場の装備の一端を見ると、例えばスープ室では、1200リットルの釜が8基、1000リットルの釜が2基、800リットルが18基、600リットルが8基、300リットルが6基と、計42基が並ぶ。

すかいらーくは、この後もセントラルキッチンの増強を重ねる。

すなわち、⑥1984（昭和59）年7月、九州地区出店に備えて数店舗対応の仮設工場を完成させ、

⑦1985（昭和60）年7月、同地区50店舗対応の工場を完成。
⑧1987（昭和62）年4月、関西、中部エリアの150店舗対応の関西工場を完成、と続く（5）。

しかしながら、⑥以降は、内容的には⑤までの延長ないし応用であるので、基本的には⑤までで、セントラルキッチンの基本構想は一定の完成をみたとしてよいであろう。

そこで、①から⑤までを眺めてみると、セントラルキッチンの本質的な役割は、3つの段階を経てステップアップしていることが指摘できる。第一段階は①から③までであり、④になると第二段階へ進み、そして⑤で第三段階に展開するのである。

第一段階（①～③）のものは、チェーンレストランに限らず、複数店舗ないしある程度の店数を擁するフードサービスビジネスにおいては、いわば自然発生的に採用しうる手法である。実際、今日に至るも多くのフードサービス企業が取り入れている。

それぞれの店舗でも行えるが、どこか1ヵ所に集中させても品質的には問題なく、作業効率やコストの面では、特定箇所に集中させるほうが効率がよいと判断されるものがセントラルキッチンに託されるのである。

「土地の安い郊外に中央調理場を設け、イモの皮むきなどはパートのおばさんに頼めば、レストラン各店のスペースもはぶけるし、コックの数も減らせる」と吐露したロイヤルの初期のころの中央調理場の考え方と共通である。

これに対して、第二段階（④）のものは、レストランビジネスとして飛躍がある。店舗でのメニューという最終製品の品質へのセントラルキッチンからの関与が、大胆に生じるからである。

そして、第三段階（⑤）では、チェーンレストランの固有のシステムとして、さらに飛躍したビジネスモデルの獲得がある。

以下で、上のすかいらーくの事例が示すセントラルキッチンの発展段階ごとに、その効用と経営的な意味を述べていこう。

第6節　経営の合理化への第一歩

セントラルキッチンの第一段階とは、複数店舗になると自然発生的にその構想が芽生えてくるものである。

フードサービスビジネスとして、この段階で、何が変わっていくのであろうか。

最も大きな本質的な変化は、店舗での調理担当者の役割が変質しはじめることである。具体的に指摘すると、以下の2点である。

（1）独立した1店舗だけの運営の場合には通常、食材の仕入れと食材の目利きは、調理担当責任者の専権事項である。セントラルキッチン方式では、セントラルキッチンで扱われる食材に関しては、この業務が店舗の調理人スタッフの手を離れる。

（2）中大規模のレストランでは、従前より調理工程は複数の調理人スタッフによる分業である。調理工程の全体は、洋食なら総調理長（シェフ）、和食なら板前が指揮を取る。セントラルキッチン方式では、前工程が彼らの指揮下から分離されることになる。

要するに、調理担当者の権限の圧縮ないし一部制限が起こる。その結果として、経営的に次のようなさまざまな利点が実現することになる。

ロイヤルは、経営者の視点で、上の引用で示したように、まず（a）店舗スペースの節減を指摘した。各店舗で用意される下拵え用のスペースが節約されて、高賃料の繁華街にも出店できたという。これは、調理担当者の権限の縮小に成功したが故の結果である。

ロイヤルが最初にセントラルキッチンを構想したとき、「冷凍料理」を口実として「身内から一斉に反対の声が上がった。コックたちだ」という。そして、セントラルキッチン方式を「実行したら、半分以上のコックが辞めてしまった」というのである。そして、こう結ぶ。「スタートは危なっかしかった。よく、コックのストに発展しなかったな、と思い出

すと冷や汗ものだよ。」（江頭匡一）

かように、セントラルキッチン方式なるものは、調理担当者に相当の危機感を抱かせるものであったことがわかる。

経営面の効用という観点からは、さらに（b）食材在庫管理の適正化とその管理業務の全体としての軽減ということを指摘することができる。仕入れから調理製造までを一貫して行う場合には、過大な食材在庫をかかえた上で適当に廃棄処分したりするなどの融通無碍な扱いが正され、過剰仕入れや中間ロスの発生が少なくなることが期待されるからである。

この点も、調理の前工程を調理担当者の指揮下から分離させたことで可能となった事柄である。

以上のセントラルキッチンの導入に際して顕在化する問題は、詰まるところ、経営の支配権は誰が実質化しているかという問題である。

セントラルキッチン導入以前の段階では、食材仕入れから厨房での調理、デッシュアップまでがすべて、調理担当責任者に委ねられている状態である。これは、調理担当責任者という特定人格にフードサービス業務のノウハウの中核部分と周辺部分のほとんどが集約されてしまっているということである。

こうした状態では、その責任担当者は、あたかもオーナー兼経営代表者のごとく振る舞えるのである。事実として、彼らの仕入先との癒着によるリベートバックや店舗内在庫品の勝手な持ち帰りなど、意のままの振る舞いが横行した歴史は浅くない。また、経営者との反りが合わないとして、調理スタッフを引き連れての職場放棄（総あがりといわれる）や転職により、その店が倒産の憂き目にあうといったことも、かつては日常茶飯事であった。

したがって、こうした状況下では、セントラルキッチンの導入問題とは、経営者と調理担当者との経営の支配権をめぐる権力闘争であるとみなければならない。経営者が意を決して権力闘争に挑んだのであるから、「冷や汗ものだよ」という言葉には実感がこもるのである。すかいらーくのケースでも、セントラルキッチンの具現化とともに、それまでいたコックと称せられて雇用されていた人たちの大半が辞めていっている。

なお、機能的に経営面での効用を付け加えるなら、（c）食材在庫量の全体としての圧縮効果も小さくないことを指摘しておく。各店舗で抱えていた在庫は、基本的にはセントラルキッチンに委譲され集約されるからである。

ともあれ、総括すると、セントラルキッチンの第一段階とは、フードサービスビジネスが経営近代化を目指す上での1つの道筋での第一歩であったということができる。

第7節　調理工程の科学的な解明へ

セントラルキッチンの第二段階とは、売れ筋の中心メニューであるハンバーグの下拵えと調理の直前工程である成型までを、セントラルキッチンで済ましてしまおうというものである。

あきらかに、この段階では、料理製造の設計が組み変わることになる。

やや抽象のレベルを上げて、この点を比喩的に説明してみよう。

調理の全工程を、便宜的に①下拵え・下処理、②中調理、③最終調理とに区分できるとすると、セントラルキッチン導入以前では、調理の全工程が店舗で実施されていた。

これが、セントラルキッチンの第一段階では、①下拵え・下調理の部分がセントラルキッチンに移行し、②中調理と③最終調理とが店舗で担当されるところとなる。

そして、第二段階になると、①と②がセントラルキッチンに移行して、③だけが店舗に残るのである。この時点で、セントラルキッチンという文字通り「心臓部」が鼓動を開始する。②中調理の部分がセントラルキッチンに移行することで、店舗では③最終調理の部分だけを担当することになるので、店舗で調理に従業する人は、もはや熟達した調理人である必要はなくなる。

第一段階では、たしかに調理労働が分割されるため、①の下拵え・下調理から解放されるという点では、店舗での調理作業が軽減されるという面があった。しかしながら、第二段階では、店舗での②中調理が無くなり調理の中核的な部分の作業が剥奪されることになるので、店舗での調理労働そのものが変質して脱職人化する道が開かれるのである。例えば、食材に対する目利きや、調理過程で時間とともに変質する中間調理品への神経質なまでのコンディション管理や、そこでの瞬時の判断を伴って繰り広げられる業《わざ》など、余人が見たときにはブラックボックスになっていたものが、店舗には存在しなくなる。

したがって、第二段階での仕組みが奏功すれば、③最終調理だけが残された店舗での調理労働は、半調理品の最後の過熱や盛り付けなどといった定型化されうる調理工程と各調理工程からアウトプットされた品々の組立工程とで済まされるようにすることが可能となる。そうなれば、店舗での調理労働は熟練労働である必要が薄れて、比較的単純労働に置き換わることが展望できるのである。

このことは、店舗での調理従業者調達の方程式が覆るということを意味する。それまで調理労働は熟練労働力を編成する労働と位置づけられていたため、調理労働従事者は、職人のヒエラルヒーの下で再生産されるという構造であった。そのため、店舗における調理従事者はそうしたヒエラルヒーが機能しているところから調達されることがもっぱらであったが、単純労働力で済むということになれば、広範な非熟練の一般労働市場から調達することが可能となるのである。

後にすかいらーくが「店数を爆発的に作ることのできる企業は他にはない」と豪語することは、店舗での調理労働力を非熟練の一般労働力市場から調達した労働力ですべて賄えるというシステムが完成していたからに他ならない。

その反面、今度は、セントラルキッチンに調理ノウハウが集中するので、ここに新たな技術の開発が必要となる。

ポイントは、次の3点である。

第一は、セントラルキッチンでの調理労働（特に②中調理）を人手作業から機械作業に置き換えるための技術の必要性である。作業工程から特別の判断業務が排除されるので、そのような判断能力が要らないように設計しなくてはならない。そのためには、調理に投入される食材の規格化と均質化が必要不可欠の条件となる。つまり食材調達の面にも、セントラルキッチンに対応した独特のノウハウが求められるのである。

第二に、店舗の厨房とセントラルキッチンの規模の違いから必要とされる技術の問題である。セントラルキッチンが大規模製造工場とするなら、店舗はラボ（実験室）の規模である。ラボでうまくいく調理も、大規模生産システムではうまくいくとは限らない。普通は逆で、うまくいかない。

特に料理の場合には、食材の自重がネックとなる。数百グラムの炒め物と数キログラムの炒め物では、火加減からはじまりすべての工程が異質なものとなろう。野菜などでは下部にあるものは水浸しとなり温度が上がらず、米などでは下部にあるものは身割れ・実欠けしてしまう。

第三は、いったん調理工程の時間と場所を切断して、その上で結合するために、一貫生産と比べて不接合・不具合が発生する問題である。例えば生鮮品を冷凍して解凍すれば、ドリップ流失などにより旨みが損なわれることが多い。

定型化された調理を想定しても、以上のような課題がある。

が、さらにセントラルキッチンには、これに新メニューの開発という課題が付け加わる。新メニューの開発は、最早店舗では単なるアイデアという無形物の提出を別として一切不可能となり、自動的にその権限もなくなっているのである。

以上のように、セントラルキッチンでの調理工程の設計は、店舗の調理場で自己完結的に料理をつくることとはまったく異なった事態となる。筆者は、かつてこのようなセントラルキッチンでの料理製造のノウハウの開発に当たる担当者を、一般レストランの調理人・シェフと区別して、インダストリアルシェフと呼んだ（6）。

実は、一般に外食チェーンのセントラルキッチンの何たるかの議論は、ここまでで一まず完了する。大阪万博のロイヤルのセントラルキッチンの効用も、ステーキメニューでのポーション・コントロールの威力も、この範囲の議論で説明可能である。

だが、すかいらーくの奇跡のためには、次なる第三段階が必要であった。

第8節　すかいらーくの奇跡

セントラルキッチンの第三段階とは何かを理解するためには、次の数字を想い浮かべながら考えてみると理解がしやすくなる。

第三段階、すなわち、すかいらーくが300店舗を達成したときの〝一日〟の販売物量は以下のようである。この全量を調達、保管（食材保管）、調理加工、保管（半調理品および調理済み品）、仕分け、配送することが、第三段階として設けられたセントラルキッチン東松山工場の使命である。

繰り返すが、各1日分である。ハンバーグステーキ5万食、ピザパイ2万5千食、コーヒー6万5千杯（コーヒー豆1トン）、米10トン（大型トラック2台半）、牛肉7・5トン（牛30頭分）、チーズ4トン、レタス1万4千4百個、レモン1万個、有頭エビ1万尾、ポテト

3トン半、にんじん5トン。これに備品・消耗品なども加わり、店舗で使用するすべてのものが常に各店舗に過不足なく満たされるようにしなくてはならない。ロジスティックス、システム設計の世界である（7）。

セントラルキッチンに関連するところをもう少しだけ続けると、この東松山工場は、すかいらーくの出店戦略に見合ったものである。

実は、すかいらーくの300店舗構想とは、店舗を全国に設営するという構想ではなく、関東一円での店舗布陣を想定したものである。

先に、すかいらーくのセントラルキッチンのさらなる展開として、九州工場と関西工場の設営を紹介したように、東松山工場は関東一円の店舗への供給システムを構想したものであった。すなわち、埼玉県東松山市という立地は、関東一円への店舗網のいわば同心円上の中心地なのである。

また、すかいらーくは、生鮮野菜や洗剤、日計伝票にいたるまで、店舗で使用するすべての食材、消耗品をセントラルキッチンから一括配送する。店舗では、伝票1枚にいたるまで独自に調達することはない。

そのために、セントラルキッチンから各店舗に食材などを配送するためのロールボックスという専用容器を開発した。ロールボックスのなかは可動式の仕切りで仕切られ、システム収納ができる。外は断熱材で覆ってあり、内の上部には蓄冷材を置くことができるようになっている。外気温摂氏30度で5時間放置しても昇温が2度程度という、極めて保温・保冷効果の高いものである。ロールボックスの下四隅にはキャスターがついていて、楽に移動できる。そして、専用のトラックで効率よく配送するために専用トラックの荷台スペースに合わせて外寸を工夫してある。また、これを受け入れる店舗のバックヤードにも、規格化されたスペースが用意される。

セントラルキッチンでは、各店舗ごとに必要なものをロールボックスに収めて、方面別にトラックに載せる。配送トラックは、各店舗の営業上の都合を気にすることなく所定の場所(外気温、店舗敷地内の店舗建物に外装されたスペースで物置と思えばよい)に降ろし、代わりに空のロールボックスを回収する。店舗では、店内の繁忙時間帯を避けて、随意にロールボックスを店内に入れて、食材などを冷蔵庫などに移し変えていけばよいのである。

店舗への配送頻度は当初、2日に1回であった(その後、毎日配送に替わる)。一度に届けるロールボックスの数を調整することで、繁閑時期を問わずに、トラックの順回路と頻度は変えなくても済む(8)。

以上のように、この段階では、セントラルキッチンの建設と稼動は、食材の調達と調理の中心部を担当するという存在に留まらない。専用容器ロールボックス、専用トラックの収納システム、配送頻度と店舗の受入システムとの考量、受入スペースの標準化と確保、などチェーンシステムの各所におけるさまざまな開発が同時に行われている。

すなわち、すかいらーくの東松山工場は、300店舗のチェーンレストランの全体物流を最も効率的たらしめるような拠点＝「心臓部」として設営されたのである。

すかいらーくの成功と当時の圧倒的な競争力の源は、セントラルキッチンの第三段階を切り開いて実現したことにある。

したがって、これを単にセントラルキッチン方式と表現して、人によっては第一段階のものを理解するにとどまるのであれば、チェーンレストラン同士が覇を競い合うフードサービス産業の歴史を見誤ることになるであろう。斯界は、上で述べたようなシステム設計を現実のものとすることで競い合うシステム産業であるからである。

第9節　全面活用と部分活用

セントラルキッチンの進化は、第三段階で完了するのであろうか。あるいは、チェーンレストランにとって、セントラルキッチンだけが唯一無二の成功の方程式なのであろうか。

1983（昭和58）年、埼玉県与野市に藍屋1号店（実験店）が出店した。すかいらーくの和食をコンセプトとしたファミリーレストランである。1986（昭和61）年、東京・町田市にバーミヤン1号店（実験店）が出店した。すかいらーくの中華料理をコンセプトとしたファミリーレストランである。

これら和食と中華料理を掲げるファミリーレストランの店舗展開を軌道に乗せるべく、その後に、すかいらーくは、東松山工場とは別立てのセントラルキッチンを用意した。

和食のファミリーレストランチェーン藍屋を展開するに当たっては、冷凍物流ではなく、チルド物流を実現するためのセントラルキッチンと物流システムを構築した。

中華のファミリーレストランチェーンのバーミヤンを展開するためのセントラルキッチンでは、バッチシステムではなく、連続ラインの製造ラインを構築した。すなわち、メニューごとで1回ごとに大量の調理をして、それをセントラルキッチン内に一時在庫し、各店ごとに小分けするというバッチシステムではなく、料理の製造ラインを連続システムで設計して、できたものからロールボックスへ積み込むという方式を案出して採用した（9）。

これらは東松山工場で実現したチェーンシステムの全体物流の効率的な設計という概念を応用して改造したものである。工夫としてはさまざまな新しい試みがありえるが、思想としては第三段階の範疇のものである。

興味深いことは、洋食のすかいらーく（その後、ガストを含む）、和食の藍屋（その後夢庵を含む）、中華のバーミヤンというように、メニューの基本軸が変わったチェーン店舗の増設を企図すると、セントラルキッチンも別立てにしていることである。このことは、特定の業種・業態に照準のあったセントラルキッチンは、その特定の業種・業態で最も高い完成度を呈して完結するものであるということを示唆する。おそらく効率性を極限まで突き詰めるとそうならざるを得ないのであろう。

その意味でも、チェーンレストランのセントラルキッチンは、本質的にはこの第三段階で完了したということができよう。

実際、すかいらーくも、藍屋も、バーミヤンも、市場に需要が旺盛で、一気呵成に店舗供給を増やすときには無類の競争力を発揮して、そのつど斯界のトップランナーの地位を占拠し続けた(10)。

しかしながら、市場成熟期になると、セントラルキッチンの効率性が優れているというアドバンテイジだけでは、市場で競争力を発揮し続けることはできなくなる。

むしろ、この市場環境では、セントラルキッチンの効率性は、メニュー数が比較的多いファミリーレストランよりも、メニューを絞り込んでいるチェーンレストランで、より効果的なパワーを発揮しているようにも思われる。イタリアンを標榜するサイゼリア、ハンバーグのびっくりドンキー（アレフ）やジョイフル、ラーメン・餃子の幸楽苑（会津っぽ）などである。これらはいずれも低価格業態と呼びうるものであり、メニューの低価格を実現するためのコスト競争力をセントラルキッチンの活用によって得ている(11)。そして、最強のメニューといわれる280円牛丼を擁する吉野家も、この範疇にあるとみることができる(のち牛丼販売停止期をおいて、牛丼並盛一杯の価格は380円)。

これらのメニューが絞り込まれているチェーンレストランにおいては、セントラルキッチンの役割は、全体物流の効率強化という観点と並んで、むしろ主力メニューの品質に磨きをかける調理エンジニアリングをレベルアップするように注力することに向けられる。

これに対して、多様なメニューを擁し斯界ではフルラインのメニュー構成といわれるファミリーレストランチェーンでは、メニュー品質のブラッシュアップの範囲がある程度の種類数に限定されることになるわけであるし、また、店舗での料理の再現性や店舗でのサービスの実現性という点からも、同様にいわば手が回りきれずに、相対的にブラッシュアップが放置されたままのメニューが残らざるをえないのである。

したがって、フードサービス業界の現段階の市場環境では、セントラルキッチンに全面依存してチェーンシステムの効率性をいっそう上げようと追求することだけでは、競争力は優位を保ち続けることはできないと理解すべきであろう。セントラルキッチンのシステムの効率化や革新技術の導入は不断に進めながらも、これと並んで、セントラルキッチンを部分活用して効率性を確保しながら、他のシステムとのコンビネーションにより、チェーン全体の質的なレベルアップを確保していくような新しいシステムを構想することが求められているように思われるのである。

【註】

（1）このときのロイヤルの動向については、文献〈3〉で当事者からの報告を得ることができる。本文中の引用は、これによる。なお、文献〈5〉では、ケンタッキー・フライド・チキン側の様子がわかる。

（2）わが国におけるフードサービスチェーン発展の契機は、大阪万博開催と並んで、資本の自由化（第二次）があるが、本稿では割愛した。文献〈11〉を参照されたい。

（3）すかいらーく社内報「ひばり」は1972（昭和47）年に創刊されたが、1976（昭和51）年から「巻頭言」が設けられた。執筆は、すかいらーく創業者の1人で代表取締役会長を務めた横川端である。すかいらーく（前身ことぶき食品）は兄弟4人で創業され、長男が会長、次男が社長を務めた。文献〈4〉は、この巻頭言集である。

（4）文献〈4〉57頁、「ひばり」1978（昭和53）年1月号「巻頭言」で、こう語っている。また、その前年1977（昭和52）年1月号では、「欧米で数百店のチェーンを作ることができたのに、日本で、わが社にできないわけがない」（37頁）とも、宣言している。

（5）すかいらーくのセントラルキッチンの展開は、文献〈1〉による。装備などの一部については、文献〈8〉に紹介がある。

（6）文献〈9〉で、初めて用いた。

（7）数量は、文献〈4〉による。

(8) ロールボックスは、物流業界ではコールド・ロールボックス(CRB)として知られる。ロールボックスへの収納手法や、セントラルキッチンまでの食材の集荷、店舗への配送システムなど、物流システムの解説は文献〈10〉に詳しい。文献〈10〉は当時、筆者らが行ったすかいらーくとココスのセントラルキッチンの実態調査などを基にしているものである。

(9) 藍屋ならびにバーミヤンのセントラルキッチンの特徴(すかいらーくとの違い)は、文献〈13〉で知ることができる。

(10) 1974(昭和49)年4月には、その後、すかいらーく、ロイヤルホストと並んで、ファミリーレストラン御三家と称せられるところとなるデニーズ(デニーズ・ジャパン)が、1号店上大岡店を開店する。デニーズ・ジャパンは、流通業界の雄イトーヨーカ堂がフードサービスに参入して設立したもので、アメリカ・デニーズ社と技術提携している。

このデニーズ(デニーズ・ジャパン)は、今日に至るまで一貫してセントラルキッチンを有さない。食品メーカーや食品問屋に独自の仕様で食材を発注して調達する。斯界では、仕様書発注方式といわれる。

また、ファストフードといわれるフードサービスチェーンでは、多くがセントラルキッチンを有さない。仕様書発注方式である。

本稿では、議論をセントラルキッチン方式に絞ったため、仕様書発注方式には触れられなかった。同方式との比較などについては、文献〈12〉などを参照されたい。

(11) 1990年代半ば以降になると、外食産業市場規模全体の伸びが止まり、市場成熟が明瞭となる。この段階で、ファミリーレストランの主戦場である郊外市場では、比較的メニューを絞り込んだチェーンの台頭が目立つようになる。文献〈14〉で指摘されている。

[参考文献]

〈1〉すかいらーく25年史編纂委員会『すかいらーく25年のあゆみ　いらっしゃいませ』1987年、すかいらーく

〈2〉すかいらーく25年史編纂委員会『目で見るすかいらーく史　フォトグラフィ25』1987年、すかいらーく

〈3〉江頭匡一「食を育てて」(『朝日新聞』1988年10月23・30日、11月6日)、「ファミリーレストラン」と改題して、水牛くらぶ編『モノ誕生「いまの生活」』(1990年、晶文社)に収録

〈4〉横川端『ひばりよ(すかいらーく社内報巻頭言集　増補版)』1988年、すかいらーく

〈5〉日本KFC30周年誌編集委員会『日本ケンタッキー・フライド・チキン株式会社　30年の歩み』2000年、日本ケンタッキー・フライド・チキン

〈6〉トーマス・サカモト『外食産業サバイバル戦略』1979年、オーエス出版社

〈7〉佐野眞一『外食産業戦国時代』1980年、家の光協会

〈8〉日本経済新聞社編『飛躍する外食産業』1983年、日本経済新聞社

〈9〉茂木信太郎「ファミリーレストランと中小(既存)飲食店」『商工金融』1984年3月号、商工中金

〈10〉(財)外食産業総合調査研究センター『外食産業経営改善推進事業報告書―セントラルキッチンと仕入れ形態に関する調査研究―』1986年、(財)外食産業総合調査研究センター

〈11〉茂木信太郎『外食産業テキストブック』1996年、日経BP社

〈12〉茂木信太郎『現代の外食産業』1997年、日本経済新聞社

〈13〉小林香織・茂木信太郎「ローコスト&ハイバリューを実現するシステムを構築する」、茂木信太郎編『フードサービス　10の戦略』1999年、商業界

〈14〉茂木信太郎「フードサービス・これまでの30年とこれからの30年」茂木信太郎編『フードサービス　10の戦略』1999年、商業界

第9章　食卓のイノベーション

第1節　「食の近代化」と「食卓革命」

「コールド・チェーン」に託されたこと

はじまりは、「コールド・チェーン」構想であった。

戦後社会の食生活の輝くばかりの豊かな発展は、もちろん「食品産業の成長」や「家庭電器メーカーの膨張」や「エネルギー革命」などの要因を抜きにしては語れない。しかし、それでも流通インフラストラクチャーとしての「コールド・チェーン」の敷設の実現については特筆しなければならないことである。

なにしろ、食品である。生鮮食料品ともなれば、その物性ゆえにもともとは極めてローカルな時空に供給が限定される存在である。当世風に言えば、「地産地消」である。この物性が維持されているままでは、食生活そのものが「地産地消」たらざるを得ない。それぞれが極めて限定的で特殊的なままだというのである。

「コールド・チェーン」が、この生鮮食料品の物性を根本から覆した。豊かな食生活の到来、すなわち我が国の食卓革命は、間違いなくこの「コールド・チェーン」を俟って始まったのである。

「コールド・チェーン勧告」

1965（昭和40）年、科学技術庁から資源調査会勧告「食生活の体系的改善に資する食料流通体系の近代化に関する勧告」が公表された。

この勧告は、食料品流通改善のための措置として「コールド・チェーンの整備」を筆頭に挙げており、公表直後から「コールド・チェーン勧告」と呼ばれて、大議論を巻き起こした。その興奮は、筆者の個人的な印象では、20年経った後にもなお続いていたように思う。

「コールド・チェーン」とは、その勧告から半世紀以上経過した当世風の言い方をすれば、「冷蔵・冷凍物流網の完備」のことである。もっとも、半世紀前の当初は「冷蔵」ではなくて、「冷凍」に強調点があった。

そもそも当時は「冷凍」技術の普及は、戦後の「食の近代化」の目標そのものであったのである。

第2節　食料調達政策の4つの軸

援助物資への依存

戦後の食料政策の最重要課題は、国民の生存に必要な食料を調達して賄うことであった。なにしろ、第二次世界大戦において、日本は総力戦で挑み、その結果として産業基盤と生活基盤のほとんどを喪失するという事態を経験していた。実際、戦争に突入後は、食料品をはじめとしてあらゆる物資の不足が甚だしくなり、敗戦後においても、国民の餓死からの救済が、喫緊の課題とされる時期が続いた。

当面の食料政策としては、短期的には、アメリカからの支援物資を手当てして目前の糊口を凌ぐことであった。そして、中期的には、より安定的な自前の食糧調達の方途を得るために、次の4つの柱軸を設定して、食糧確保のより効果的な展開が目論まれたということができる。

4つの柱軸とは、1つは、主食である「米」の増産、2つは、基礎熱量の効率的な確保のための「食品産業」の育成、3つは、タンパク質資源の調達のための「水産業」の育成、そして4つは、食品保存技術の開発と普及である。

「米」の増産と「食品産業」の育成

第一の柱軸、「米」の増産政策については、特段の説明をしなくてもよいであろう。耐寒性が強く収量の高い品種を普及させるとともに、金肥の投入などで、毎年増産を続けていく。食糧管理制度もよく機能し、価格面からも増産を刺激し続けて、その結果、1967（昭和42）年には、事実上ほぼ米自給を達成するところとなった。以降はむしろ、過剰米（消費量以上の供給）対応のため食糧管理会計の赤字に苛まれるようになる。

第二の柱軸、「食品産業」の育成については、さまざまな業種をまとめて育成するというのではなく、当時は欠乏していた外貨や資金など限られた国家資産を効果的に集中しなくてはならないので、業種を特定しなければならなかった。

製粉、製糖、製油の各業種は、資本装備型の装置産業である。これらの原料は、海外からの輸入原料が主体であるが、製品（小麦粉、砂糖、油脂）の重量単位当たりのエネルギー保有量は大きい。一言でいうと、効率のよいエネルギー供給財である。また、これらの製品は、他の食料品の基礎原料でもあり、これらの製品の供給がすすむことで他の食品産業を誘導する役割も期待できたのである。

したがって、これら業種の食品産業の育成が企図されるのであるが、そのためには、外貨不足時代であったので、海外輸入原料を政策的に優先手当てすることと、また同時に資金不足時代でもあったので、設備新増設のための資金配分において政策的な優先配慮が行われたのである。

以上の「米」の増産と「食品産業」の発展により、国民食生活でのカロリー充足という課題は解決に向かう道筋がついたといえる。

「タンパク質」の供給源としての水産物

カロリー（熱量）と並んで、もう一方の必須食料「タンパク質」の供給は、「水産業」に期待された。

なぜなら、畜産業はまだ未成熟であり、かつ飼料調達がままならなかったからである。というよりも、そもそもこの時期では、飼料栽培の余地があるなら食用が優先であり、実際アメリカからは、援助物資として飼料用農産物を輸入して「食用」とするという段階であった。

これに対して、「漁業」は意気軒昂であった。というのも、それまで長期にわたる戦争遂行に忙しく、海洋資源などは極めて過少にしか収獲されてこなかったために、海洋資源が豊富化して、いわば事実上のバージンストックを膨大に擁する状況となっていたからである。比喩的に言えば、糸を垂らしさえすれば魚がかかり放題とでも表現されようか。

戦後の漁業の発展は、漁場の遠近で表現されることが多い。まずは沿岸漁業からはじまり、やがて沖合漁業が追加され、遠洋漁業の発展へと展開していく。魚の流通と消費は、地場産品の地場流通を基本としながら、次第に、東日本では多獲性魚を中心に地域流通が発展し、西日本では、瀬戸内物や以西物（九州周辺から東シナ海域）が出回るようになったが、後者では多種類が特徴であった。

かくして、我が国は官民挙げて「海洋日本」の旗の下、水産王国へと邁進する。第三の柱軸である。

以上で、ともかく「カロリー（熱量）」と「タンパク質」という基礎要素の食料供給を整えていこうというのであった。

しかしながら、その流通分配には、難問があった。「水産物」は、品質の経時劣化が早い食品である。漁獲で豊漁でも、そのまま放置すれば、ただちに腐敗がはじまり、食用にされることなく、肥料にされるか廃棄されるかすることが想定される。だから、第四の柱軸、食品ないし生鮮食料品の保存技術の開発と普及も、不可欠の事項であったのである。

「缶詰」と「冷凍食品」

食品の保存技術の開発は、人類の歴史とともに古いといえる。したがって、近代以前にも、乾燥、燻製、醗酵、塩・砂糖・酢漬けなどといったさまざまな方法が開発実用化されてきている。

近代以降に開発された保存法として、缶詰・瓶詰、冷凍がある。また、古来よりの乾燥法も素材の乾燥から進んでパウダーにするなどの新展開が図られた（1）。

これら近代以降の食品保存技術の進展には、近代軍隊の兵食という切実な需要があった。実際問題、缶詰・瓶詰技術は、かのナポレオン・ボナパルトがロシア遠征に先立って、兵食のために新しい食品貯蔵法を懸賞金付きで募集することがきっかけとなって、世に出たものである。

それはともかくとして、戦後の日本で広範に推奨された食品保存技術は、缶詰・瓶詰と冷凍技術である。

缶詰・瓶詰は、その技術的な基本はシンプルであり、当初は衛生観念もさほど厳格なものではなかったので、機械設備さえ導入すれば、どこでも誰でも割と簡単に実用できるものであり、全国の農漁村にいたるまで普及した。

これに対して、冷凍技術の実用は、缶詰・瓶詰に比べると大型の設備投資となったので、全国一律というよりは拠点での取り組みとなった。このときの拠点が、その後の有力な地方食品メーカーに発展した例もある（2）。

「水産物」への保存技術の適用としては、「水産物」保存量全体としてみると、缶詰・瓶詰分は相対的に少なくて、冷凍技術対応分が多かった。「水産物」では、品質の経時劣化が早いことと、「水産物」のサイズが缶詰・瓶詰対応にするには相対的に大型に過ぎるかそうでなくとも素材からの加工工程が複雑になるために、そのままの姿で大量に冷凍して流通させてしまうことが、具合がよかったのである。

こうして冷凍技術そのものは、それなりに全国での普及が求められる下地はあったのであるが、このときの〝冷凍技術〟は、なお経験的な技術であり、「コールド・チェーン」構想におけるそれとは、言葉は同じでも内実には大きな隔たりがあったのである。

第3節 「コールド・チェーン勧告」の以前と以後

マイナス・イメージからの出発

戦後かなりの時期まで「冷凍」ないし「冷凍食品」という言葉は、一般の消費者にとってイメージの悪い用語であった。少なくとも、私の調査体験では1980年代前半（昭和60年ころ）までは、そういう記憶が鮮明にある。実際、1980年代半ばに、調査で街場のあるうどん店でヒアリングしていたときに、そこの店主から、指を唇に当てながら、「実は冷凍していて」と小声で囁かれたことがあった。なぜ小声かというと、「冷凍」という言葉が回りに聞こえるのはイメージダウンでまずいからだと。

実際に、「冷凍食品」は、百貨店などで取り扱いする店舗が増えていたのではあるが、販売実績は低迷を続けていた。この頃、食品・食生活研究者の間では、家庭での冷凍庫の普及が進んでいないということを、「冷凍食品」販売の伸び悩みの理由とすることが一般的であったように思う。

しかし、私は、もう1つの要因を重視していた。それは、多くの消費者にとって、かつて「冷凍品」というと劣悪な状態の魚などを供給された体験があるからで、その時の体験が「冷凍品」という言葉に悪いイメージを刷り込んでしまったからであると。

第二次大戦中は、先に述べたように国民が等しく食料難に陥った。戦時経済体制下で、食料品は配給制となり、次第に量の過少と質の劣悪化を免れないようになった。この状態は、戦後もしばらく続くが、その間に、「冷凍魚介」も貴重なタンパク源として配給されていたのである。そもそも、食品に不向きな魚介が、あるいは漁獲されて経時劣化した魚介が、また不適切な凍結法により傷んだ魚介が、さらには低温度で腐敗の進んだ魚介が、配給制として選択の余地なく配荷され、食料の絶対不足ゆえ、目をつぶり鼻を摘まんで食した国民体験が厚くあったからであると。

だから、「冷凍食品」のイメージの悪さを拭い去るには、家庭に冷凍庫（冷凍庫付冷蔵庫）が普及することと並んで、そうした戦中戦後の体験世代が人口の少数派になるか、民族体験が風化するまでの時間を経過する必要があるのではないかというのが、私の見立てであった。

「マイナス18℃」以下という提起

当時、すなわち第二次世界大戦前後と今日とでは、「冷凍技術」が異なっている。

科学技術庁資源調査会の「コールド・チェーン勧告」は、この「冷凍技術」「冷凍食品」の科学理論的な裏付けを提起していたことで、画期的であった。その科学理論的な裏づけとは、アメリカ・ヨーロッパにおける専門機関の膨大な実験により導き出されたいわば「凍結・保管・輸送・解凍」マニュアルとでも言うべき内容を包含している。

つまり、「コールド・チェーン勧告」以前と以後とでは、「冷凍食品」の内実が異なるのである。以前は、牧歌的、原始的、経験的な技術での作品であった。いい加減だというと言い過ぎであろうか。

では、「コールド・チェーン勧告」では、どのようなことが指摘されているのであろうか。

私の理解では、次の2点が決定的に重要である。

① 凍結の際には、時間をかけた緩慢凍結は不適切で、急速凍結が適切であること。
② 保管・輸送の全行程を通して、温度をマイナス18℃以下に保持すること。

第一の点は、緩慢凍結だと、水分が氷になるときに分子が生物の細胞膜を破損して、ドリップが流失したりして、品質にダメージを与えるからである。

第二の点は、主にアメリカ大陸で広大な国土を実験場として長期にわたって実験した結果を測定したもので、例えば、以下のような確認がある。

「急速凍結してマイナス17・8℃以下で保存すれば、品質低下のはげしい脂肪の多い魚で60日、白身のもので95日、ホウレン草で140日、豚肉のナマで300日、そのほかイチゴ、牛肉、鶏肉などほとんどの生鮮食料品が1年以上品質をそこなわずに保存できる」と(3)。

また、実際の大陸横断鉄道で輸送した「冷凍食品」では、途中で何度か昇温と再降温を経験するために、その都度品質が劣化していくという事態を確認している。

ちなみに、我が国の現行の「冷凍食品」の規定では、「マイナス18℃以下」と規定されているが、上の引用文では「マイナス17・8℃以下」となっている。実は、私もかねがね、「マイナス18℃」という決め方が、数値上中途半端な気がしてならないでいた。なぜに「20℃」

とか区切りのよい数値でないのかと。恥ずかしいことに、彼の地では「摂氏温度」ではなくて「華氏温度」だということを知ってはいても、このことに関係付けていなかったのである。「華氏0℃」という区切りのよい値が、摂氏に換算すれば「マイナス17・8℃」であった(4)。

「コールド・チェーン」勧告への助走

改めて、「コールド・チェーン」構想とは、「ほとんどの生鮮食料品」を、鮮度を保持した状態で、全国津々浦々に行き渡らせることができるシステムの提案である。あるいは、生産された「ほとんどの生鮮食料品」を、輸送などの途中で無駄に廃棄したりしないで済み、季節変動などを緩衝する優れものなのである。

かくして、欧米でエビデンスを獲得済みの「コールド・チェーン」、すなわち「冷凍」技術の普及と「冷凍物流網の完備」こそ、戦後の「食の近代化」の目標そのものといえるものであった。

なるほど、多くの食品業界・流通業界関係者にとって「コールド・チェーン」構想は、「勧告」の公表によって眼を開かれたことではあるが、だがこれへの取り組みは、「勧告」において突如登場したものではない。

「冷凍食品」業界と多くの食品業界関係者らによる幾多の取り組みが下地を作っていったことも確認すべき事柄であろう。ナショナルプロジェクトとも言うべきその取り組み例を、まず2例確認しておきたい。

そして、その後に、「コールド・チェーン」構想が、誰の目にも、ビジネス上の優位な仕組みとして白日の下に明示されることとなった、ダメ押しのナショナルプロジェクトを確認する。

第4節 「ナショナルプロジェクト」という実験装置

南極越冬隊

戦後の12年目の1957（昭和32）年に「国際南極観測年」となったことは、我が国の技術発展にとって幸いしたと考えられる。すでに、戦後6年目の1951（昭和26）年には、対日講和条約が締結され、11年目の1956（昭和31）年には、国際連合への加盟が承認された。その直後の1957（昭和32）年に、「国際地球観測年特別事業」として、日本の南極観測が実施されたからである。

南極観測は、厳寒の地でさまざまな最新鋭の機械設備や機器装置を実際に稼動させる実験であり、予備作業を含めて、科学技術開発の組織立った国家プロジェクトのスキームづくりの実習であった。

　砕氷船「宗谷丸」は、東京を出航してから3ヵ月弱ほどの行程で南極大陸オングル島に上陸して、その地を「昭和基地」と名付けた。同船に乗り込んでいた隊員数は53名で、うち越冬隊は11名であった。ちなみに、翌年の第二次越冬隊は、「宗谷丸」が同基地へ接近できずに失敗し、15頭の犬を置き去りにしたが、翌々年の第三次越冬隊が昭和基地に到着したときに2匹が生存していた。このカラフト犬「タロ」と「ジロ」生存のニュースは、日本中を感涙にむせばした。

　この国家プロジェクトに動員されたのは、機械機器設備だけではなく、隊員らの長期にわたる食事プランと食材調達においても同様であった。もちろん船舶食の基本と応用はあるが、なにしろ期間の長さと厳寒の地という条件においては破格の条件であり、しかも、期間中を通して十全のマンパワーが発揮され続けていなければならないという国家の威信を賭けてのプロジェクトである。食品メーカーや関係者の経済勘定を抜きにした協力体制が敷かれたことはいうまでもない。そして、そのなかで「冷凍食品」の実用化も具体化されるのである。

オリンピック東京大会

この南極観測のプロジェクトが進行する傍らで、次の国家プロジェクトが準備段階に入った。「タロ」と「ジロ」の生存のニュースに沸き立った翌年の1960（昭和35）年開催の第17回オリンピック・ローマ大会には、次回オリンピックのためにと、村上信夫帝国ホテル新館料理長（当時）らが密かに現地で情報収集に明け暮れていた。

1964（昭和39）年10月10日に開会を迎えた第18回オリンピック・東京大会こそ、我が国が戦後復興のゴールと定めた地点である。

ここに至るまでに、IMF8条国への移行、海外旅行の自由化、OECDへの加盟、東京モノレール（羽田空港―浜松町）開業、などさまざまな施策が実現された。そして、東京オリンピック開会9日前に、東海道新幹線（東京―大阪）が開業している。

また、我々の関心事でいえば、史上最大の94ヵ国、7495人が直接に参加した第18回オリンピック・東京大会は、52日間の選手村食堂運営という任務を負っていたのである。

宗教、習慣、嗜好の異なる各国料理、民族料理を、1人1日当たり6000キロカロリー（当時の日本人平均摂取カロリーは2500キロカロリーとされる）、延べ49万5千食を不足なく提供しなくてはならないという前代未聞の壮大なプロジェクトである。

実際に消費した食材は、牛340頭分、豚280頭、卵72万個、牛乳48万本、野菜356

トンといわれる。結果としては、東京都の食料品の消費者物価の高騰を避けながら、関係者にとっては味の面でも好評を博したようである。そうして競技でのメダルの数のみならず、主催国としての手際の良い大会運営が評価されて、国家の威信は発揚されたのである。

食材の凍結貯蔵プログラム

では、前代未聞の食事プロジェクトは、どのようにして取り組まれたのか。

まず事前のメニュー計画である。そこから食材の必要量を算出する。次に調理計画である。限られた時間で多種類大量のメニューを作成する能力を測りながら厨房設備と機器類を取り揃えなくてはならない。また、そのための要員配置計画と動員確保がある。続いて食材の貯蔵と配送計画、そして在庫管理の計画化などがある。こうして、実際の食材調達に取り掛かる。

もうすでにおわかりのように、食材の冷凍化の活用と加工食品の利用を抜きにしては、実現不可能な課題である。具体的には、約1年前から食材の発注・調達を行っていく。サラダ用の「清浄野菜」(5)は、直接に産地買い付けをする。肉などは1年前から全量を調達して凍結貯蔵するのである。

これらの実施計画の立案と実際の食材の調達や現場の運営にあたっては、有力食品企業、流通企業、日本ホテル協会と傘下の名立たるホテルの熟達した調理人などが総動員されている（ちなみに、私の恩師である岡本伸之教授は当時、立教大学の学生として伝統ある観光クラブを率いて調理場の皿洗いを務めている）。

が、そうは言っても、前代未聞の壮大なプロジェクトである。まったくの徒手空拳で事に当たったとも思えない。記録は見当たらないが、私の推測では、計画立案の際には、日本、沖縄（当時、琉球政府）、朝鮮の極東地域を責任区域とするアメリカ第五空軍の兵食供給体系をモデルとしたのではないかと考えている。

アメリカ軍（当時）においては、綿密な栄養計画と補給計画に基づいて、向こう3年間のメニュー（毎日、毎食）が常に用意されており、それにしたがって、細部に及ぶ食材の購入、輸送、保管、配給計画が立てられているからである。そして、ここでは「コールド・チェーン」の確認と加工食品の利用が前提となっているのである（6）。

オリンピック東京大会開会は、「コールド・チェーン勧告」まであと3ヵ月である。事前準備を含めた東京オリンピックにおける経験と威力は、「コールド・チェーン勧告」に力強い裏打ちを提供したものと思われる。

大量調理システムの案出

オリンピックプロジェクトの当事者たちの結論は、「選手だけで約5500人分の食事を滞りなく供給する」ためには、生鮮食料品など食材の「冷凍保存」が不可欠であるというものであった。

具体的には、「一日分の消費量を計算し、それに見合う肉、野菜類を毎週木曜日に検品、パックして日本冷蔵の冷凍庫に保管した。……開会1年前から毎週2～3トン単位で冷凍した。」(7)

選手村には、富士食堂、桜食堂、女子食堂の3施設が用意され、全国のホテルから総勢360人のコックが配置された。しかし、コックともなればそれぞれの流儀があり、そうした人たちの寄り合い所帯であるので、調理手順を統一して、百人分単位での大量調理マニュアルを作成して臨んだ。

こうしてさまざまな「数知れない準備作業のハイライトは、冷凍食品の試食会だった」。オリンピック村での冷凍食品の全面活用には、関係者の合意も必要である。数次の試食会を経ての最大の催しは、開会1年2ヵ月前の1963（昭和38）年8月に帝国ホテル「孔雀の間」で数百人の招待客を招いて開催されている。「冷凍」と「生鮮」のそれぞれの食材で同じ料理をつくって別の皿に盛り付けて提供したが、担当大臣の佐藤栄作も「どちらもおいしいよ」といい、誰も区別がつかなかった。

こうしたオリンピック体験が効いて、全国の有力ホテルで冷凍設備の導入が急増した。

帝国ホテルでも、オリンピック閉幕の直後に「零下50℃」まで下がる大型冷凍庫が導入された。それまでは、GHQの置き土産の冷凍庫付き冷蔵庫しかなかったのである。

また、大量に使う食材は、事前に質や形をそろえて、下拵えした上でストックしておくという、彼らの用語にいう「サプライセンター方式」も採用が一般化した(8)。かくして、食材の自前の冷凍を駆使して、増え始めた大型宴会に対応することが可能となり、ついには有力ホテルでは、4桁の人数を集める宴会も難なくこなせるようになったのである。

こうして「コールド」は、「チェーン」としてではなく、ホテルという限られた館で、いわば点として、実力を発揮することになる。「冷凍食品」の家庭への普及はまだまだ遠い道程であるが、宴会需要すなわち業務用需要で、大量調理仕向けという領域では深く広まっていったのである。

第5節 「大阪万博」と外食産業の勃興

「ハワード・ジョンソン」の辞退

「ハワード・ジョンソン」といえば、いわばアメリカの外食産業の代名詞であった。

創業は1925年。アイスクリームショップから出発したが、ハンバーガー、ホットドッグ、ステーキを品揃えて、1935年にはフランチャイズチェーン化に着手した。ハワード・ジョンソンは、数々のチェーン手法を編み出して、チェーンレストランのビジネスモデルを確立した。

例えば、食材の物流体制の構築もその1つである。「コミッサリー」または「カミサリー」とは、もともとは軍事用語で「兵站《へいたん》」と訳されるが、チェーン店舗に食材を効率的に配荷するために設置される中継基地のことである。「ハワード・ジョンソン」は、全米へのチェーン店網の確立のために、「カミサリー」を各地拠点に擁した。

そうして、早くも1939年には、全米に100余店舗体制となり、売上高も業界初の1千万ドルを達成している。

その後は、アメリカが戦時経済体制に展開していくに際して、軍への食料供給の一端を担うことになる。チェーンレストランビジネスのために開発した食材物流システムが、軍事のロジスティックスと相似形であったからである。

「ハワード・ジョンソン」は、第二次大戦後もアメリカ全土にチェーン店網を拡大しており、1960年代までは外食産業のキングの地位にあった（9）。

アメリカ政府は、日本の大阪で開催が決まった万国博覧会の会場に、東西冷戦下でのソビエト連邦に対抗すべく、アポロ11号が持ち帰った〝月の石〟をアメリカ館の展示の目玉にすることを決めた。この会場には、大勢の見物客が押し寄せることが見込まれたので、アメリカ館に設けられるステーキレストランなどフードサービス施設4店舗の運営は、一括して「ハワード・ジョンソン」が請け負うべく、準備が進められていた。

が、「ハワード・ジョンソン」は直前になって、採算が取れずに大幅な赤字が見込まれるとして、アメリカ館のレストラン運営を辞退した。

「大阪万博」での実験

1964(昭和39)年開催の東京オリンピックの成功の後に、日本が次に構えた国家プロジェクトは、1970(昭和45)年開催の大阪万国博覧会、通称「EXPO'70」または「大阪万博」であった。

半年間の会期中すなわち183日間に6421万8770人という来場者を得て、「大阪万博」は大盛況となった。しかし、この誰もが予想しなかった来場者の殺到に、会場内のフードサービス施設は、大混乱を重ねた。調理も追いつかず、食材もすぐに払底し、補充もままならなかったのである。

そうしたなかで、独りアメリカ館だけは比較的に混乱も少なく、食材切れも起こさずに運営を続けることができた。運営は、「ハワード・ジョンソン」に代わって名乗りを上げた日本の外食企業「ロイヤル」であった。「ロイヤル」は、この機に「ハワード・ジョンソン」のノウハウを吸収しようと、運営受託に当たっては「ハワード・ジョンソン」の経営指導を条件とした。

「ロイヤル」の創業者、江頭匡一は、アメリカの外食産業の発展をよく研究して、すでにこの頃には九州・福岡にセントラルキッチンを据えて、九州各地でレストランを経営していた。福岡から大阪までは陸路で約600キロメートルの移動距離。ならばサンフランシスコーロサンゼルスとほぼ同じ移動距離である。チェーンレストランの手法を駆使すれば、福岡で下処理した食材を万博会場に連日ピストン輸送することは可能だと踏んだのである。

アメリカの食肉パッカー（加工業者）にも、あらかじめ1人前ずつに成形された牛肉を特別注文して、冷凍してコンテナで運び、神戸港から陸揚げした。

アメリカ館のフードサービス施設を受託するにあたって、「ロイヤル」が試算したところ4千万円の赤字が見込まれた。同社の受託は、ノウハウ形成と従業員教育の授業料と割り切った江頭の覚悟の英断であった。が、「大阪万博」閉幕後の決算をメてみれば、結果は1億5千万円を超える黒字となった。

関係者にとって、会期中に見せたアメリカ館のフードサービス施設のよどみない運営の様子も脅威であったが、会期終幕後の巨額の黒字決算も驚きであった。かくして、「大阪万博」

という国家プロジェクトは、底抜けに明るい科学技術の未来の夢をばら撒いて、内外に「経済大国日本」をアピールしたが、わが国のフードサービス関係者に対しては、外食ビジネスの可能性を満天下に示すところとなったのである。ここに我が国の外食産業の時代の幕開けが告げられた。

アメリカ発システムへの信頼

極地探検家ロアルド・アムンゼンが、別ルートで挑んでいたイギリス隊よりも約1ヵ月早く南極点一番乗りを果たしたのは、1911（明治44）年12月のことであった。アムンゼン隊は無事帰還するが、南極点に翻るノルウェー旗をみて無念の思いに浸ったイギリス隊は、帰路途上で猛吹雪に遭遇して全員死亡した。

アムンゼンは、随所に食料保管施設を設けて、基地から極点までの往復約3千キロをエスキモー犬と共に走破した。

「ロイヤル」の総帥江頭匡一によれば、アメリカ軍の「サプライセンター方式」は、このアムンゼン隊の仕儀が原点だという。南極からの帰路、余った食料を氷の下に埋めて帰還したが、次の探検隊がそれを掘り起こし、解凍して食べたがノープロブレムであったというエピソードに重大な関心を寄せたのが、アメリカ軍だというのである(10)。

「大阪万博」で、江頭が企業の命運を賭けたのは、「ハワード・ジョンソン」を手本としたチェーンレストランシステムであることは間違いないことであるが、その食品技術的な基礎は「冷凍」技術であり、したがって江頭が信頼した技術とは、約《つづ》めて言えば食材の「冷凍」という技術であったということができる。

こうして、オリンピック東京大会と「大阪万博」という戦後を代表する国家プロジェクトの遂行にあたっては、その背後で、食材の「冷凍」技術の導入と活用が、成否の鍵を握っていたのである。そして、当事者の意識はともかくとして、事実としては、アメリカとその軍隊のシステムが、この技術の実用化の上で大きな役割を果たしていたのである。

ところで、この2つの国家プロジェクトは、その後の「冷凍」技術の普及において、やや異なった道を辿る。

外食産業の発展

東京オリンピックのノウハウを引き継ぐところでは、「冷凍」技術と「冷凍食品」は、ホテル業界とそこに従業するプロフェッショナルとしての調理人のあいだに留められた。「冷凍」という表現を剥き出しで使用することをためらい、調理人といういわば閉じた社会のなかで、宴会需要という限定的な範囲で、実用化が進められたのである。確かにここでは、高度経済成長の上げ潮の過程で、増大する宴会需要には絶大な威力を発揮したのであるが。

もう一方、「大阪万博」での「ロイヤル」のいわば壮大な実験は、瞬く間に業界内外に知れ渡るところとなった。その効果は、チェーンレストランの勃興に帰結した。

タイミングもよかった。「大阪万博」の前年、「第二資本の自由化」によって「飲食業」が指定業種とされていたことで、外資の斯界への参入が自由化された。そこで、この前後に、飲食業、流通業、食品メーカー、商社、など多種多様な業界人が、視察と称するアメリカ詣でを繰り返して、虎視眈々と斯界への参入計画を練っていたときであった。

その結果、「大阪万博」と同じ1970（昭和45）年には、東京・府中市で「すかいらーく」の1号店が、愛知県・名古屋郊外で「ケンタッキー・フライド・チキン」の1号店が、翌1971（昭和46）年には、東京・銀座に「マクドナルド」の1号店が、大阪・箕面に「ミスタードーナツ」の1号店が、当の「ロイヤル」も、北九州市・黒崎に「ロイヤルホスト」と命名する郊外型レストランの1号店をオープンして、一斉にチェーン化を推し進めた。

「大阪万博」における「ロイヤル」の成功と、そこで見せ付けた魔力とも見紛うセントラルキッチン方式などの近代的手法が、斯界への一斉参入の合言葉となったことは言を俟たない（11）。

約《つづ》めて言えば、「大阪万博」という国家プロジェクトを陰で支えた「冷凍」技術と「冷凍食品」

の威力は、外食産業という一大産業を生み出したのである。かくして、1970年代（昭和40年代後半以降）は、数多のチェーンレストランが次々と興り、店舗増設の覇を競い合う事態となり、外食産業の急成長の時代と銘打たれることになったのである。

改めて述べると、チェーンレストラン急成長期を支える食材の流通システムは、「コールド・チェーン」に他ならないのである。

もっとも、「コールド・チェーン」勧告が想定した「チェーン」網とは、産地（生産者）から家庭の台所までをつなぐチェーンであったので、いささかチャネルの先は異にすることになるのではあるが、業務用食材の流通システムすなわち外食店舗の厨房までをつなぐシステムとしての「コールド・チェーン」網の敷設は、急速に進んだのである。

第6節　外食メニューに乗った肉類

「食の洋風化」を担う外食メニュー

1970年代（昭和40年代後半）以降に勢力を急拡大した外食産業が得意とした料理、メニューは、洋風メニューであった。なにしろ外食産業といえば、「外国から来た食産業」だとも思われ称せられていた頃である。「外国＝洋風＝アメリカ」という連想ゲームは、「食の洋風化」という言葉に体化されて、日本の進むべき食卓の方向性を指し示すところに他ならなかった。当時の食や風俗を描く文献を括れば「食の洋風化」という言葉が氾濫している。「食の洋風化」という曖昧なニュアンスを食材で表現すると、「米からパンへ」、「魚から肉へ」という用語であり、料理法で表現すると、「煮るから揚げる・焼くへ」であった。

外食産業が提案したメニューは、まさにトレンディであった。

ファミリーレストランの中心的なメニューは「ハンバーグ・ステーキ」であり、「肉」と「焼く」を兼ね備えている。ファストフードなら「ハンバーガー」が、「パン」「肉」「焼く」を兼ね備えている。フライドチキンも、ドーナッツも、理にかなうメニューであった(12)。

「食の洋風化」という理由と並んで、新興の外食チェーンが、これらのメニューを掲げて店舗の増設に邁進することになったもう1つの決定的な理由は、これらのメニューの食材が、事前加工を施した上で店舗まで「コールド・チェーン」で配送するのに適合的な食材であったからである。

外食メニューに乗りにくかった魚介類メニュー

外食産業勃興のころ、魚介類は「コールド・チェーン」に載せるのに、肉類と比べてたいそう分が悪かった。そもそもこの頃、一般の消費者にとって「冷凍魚介」の印象が好ましいものではなかったことは先述した。

また、外食メニューの選好性としても分が悪かった。

動物性タンパク質としての可食分の重量単位当たり価格は、全体としては肉類が高くて、魚介類は低い。だから前者は高級品で、後者は大衆品だという社会通念が一般化していた。この意味では、サービス価値が付加される外食価格に見合うメニュー用食材としては、断然「魚」より「肉」なのであった。

ちなみに、外食産業でも「シーフードレストラン」というカテゴリーがないわけではなかったので、「シーフードメニュー」というカテゴリーを挙げることはできる。が、これら「シーフード」という言い方は、「魚介類」という表現と、ニュアンスをいささか異にする。私はかつて「シーフード」を、「〔魚〕マイナス〔頭尾＋皮＋骨〕プラス〔甲殻類＋軟体類〕」と規定したことがある（13）。

要するに、小魚ではなく、高級魚の切り身（フィレ）であったり、海老・蟹など特定される魚介類だけが、外食メニューとして俎上に乗ったのである。もっとも、特定される魚介類だけのメニューなら、需要も特定範囲のところにとどまることになる。それゆえ、これまでにもいくつかのアメリカ発「シーフードレストラン」がチェーン化を試みた経緯はあるが、大中規模店舗数チェーンを築くことはままならないでいるのである。

「マグロ」の問題

問題は、さらに別のところにもあった。

「コールド・チェーン」の技術的な基本、理論的な裏付けが、主にアメリカでの実証実験によったものであるので、肉類については信頼に足る多くの実験結果が得られていたが、魚食習慣が弱いアメリカの事例では、我が国の食卓に上る魚介類には応用が不適切であったからである。わかりやすく言うと「コールド・チェーン」の理論は、その後に我が国で最も代表的な食用水産物の位置に上りつめることになる「マグロ」には適用できなかったのである。

「冷凍食品」の温度規定である「マイナス18℃」あるいはその近辺の「マイナス20℃」程度で「マグロ」を凍結しても、じきに身が褐変黒変してしまい、商品にならなくなってしまう（業界では褐変現象という）。したがって、業界全体で敷かれた「コールド・チェーン」には「マグロ」は載せられないのである。「マグロ」の場合は、特別に「超低温」が開発されなければならなかったのである。

「マグロ」と「超低温」の関係という原理自体は、1963（昭和38）年という比較的に早期に発見されている。「マイナス35℃」以下という条件でならば、半年以上の放置が可能となる。この原理は、漁船の設備として搭載されていく。そして、さらに低温ならばさらに保存品質が安定して、さらに長期の保管が可能となるという原理も確認されて普及していく。後に斯界では、昭和年代と「超低温」の温度帯とが隠喩を踏むように進んだと理解される。昭和40年代なら「マイナス40℃」の時代だと。そうして「超低温」は昭和60年代に「マイナス60℃」の時代まで進んだのである。

こうして、魚介類に関しては、魚種ごとの「超低温」の温度帯が相違するとか、解凍技術も一様でないというような問題もはらんでおり、いわば日本型「超低温」技術管理という実務を追加していく必要があったのである。

故に、外食産業の勃興期には、こうした水産物の「コールド・チェーン」実務が間に合わなかったのだともいえるし、あるいは、そもそも外食産業側に水産物食材のメニュー上の関心が薄かったので、実務問題そのものとしても業界全体としては強い関心が働かなかったともいえる。

第7節　外食メニューに乗った魚介類

「居酒屋」と刺身メニュー

「居酒屋」ならぬ「居〝食〟屋」が、外食産業において一大勢力としてにわかに注目を浴びるようになったのは、1980年代半ば（昭和50年代終わり）頃からである。

「居酒屋」ならぬ「居〝食〟屋」は、メニューをはじめとしていくつかの特徴を有していた。まず、①メニュー全体の売上構成で見ると、飲み物の比率が3割程度と相対的に少なく、食べ物の比率が7割程度と多かった。②飲み物類では、アルコール度数の高いハードな酒類よりも、ビールや焼酎のお湯割などアルコール度数の低い（薄めてアルコール度数を小さくした）酒類の比率が多かった。③食べ物類では惣菜メニューを多数品揃えて、小皿盛り付けにて提供した。つまり④メニュー一品（一皿）当たりの単価が低く、その分、品数を多く提供する仕組みである。

これらの「居酒屋」あるいは「居〝食〟屋」が、結果として、それまでの「居酒屋」の中高年男性という客層とは異なり、女性や若者のグループ客を強烈に吸引した。これら「居〝食〟屋」は、いわばオヤジ市場に限定されていた旧来型「居酒屋」を、女性市場、若者市場として一挙に開放したために、市場が急膨張して全国で急成長したのである。

ここでの戦略メニューは和惣菜であり、「マグロ」を中心に据えた刺身類ないし刺身の盛り合わせであった。

「居酒屋」あるいは「居〝食〟屋」が、それまでのファミリーレストラン、ファストフードの経営システムと明らかに異なるのは、同じ店名を掲げるチェーン店舗への食材の集中配送体制に厳密には拘《こだわ》らなかったことである。つまり、食材は、物流配送上の効率化要求はあったが，それぞれの店舗の出店先の各地域で調達することが許されることがあったのである。一気呵成の全国展開は、この条件がなければ成らなかったであろう。かくして「村さ来」「つぼ八」の看板が、数年のうちに全国各地で揚がった（14）。

日本型「コールド・チェーン」の完備

１９８０年代後半（昭和60年代）にかけて「居酒屋」あるいは「居〝食〟屋」は、チェーン店だけではなく、各地の独立した個店経営店も増殖を続けた。食材調達におけるブランド独自の強力な仕組みの構築にこだわらない分、「コールド・チェーン」のインフラさえ敷設されていれば、斯界への新規参入の障壁が低いからである。

前項で私が日本型「超低温」の「コールド・チェーン」と呼んだ水産物の「コールド・チェーン」インフラは、１９８０年代（昭和50年代半ば以降）に全国整備を目指して、その年代の半ばにはほぼ完成していたと見ることができる。

「マグロ」漁業への「超低温」装備は、商社資本をして「マグロ」の一船買い付けという手法を編み出した。そして、水揚げ漁港に「超低温」冷凍倉庫を構えることで、「マグロ」の消費市場への安定供給が可能となった。「マグロ」の水揚げがさほど多くなかった静岡県清水港がこの期に全国で断然の水揚げ港となるのは、背後に立ち並んだ「超低温」冷凍倉庫群の故である。

ここを本拠地として全国に拠点基地・営業所を構えて、供給者主体の「超低温コールド・チェーン」が完成した。

「居酒屋」あるいは「居〝食〟屋」チェーンが全国に看板を掲げはじめる頃には、後部スペースをマイナス55℃にしたトラック便が全国を走るようになっていた。

「居酒屋」あるいは「居〝食〟屋」、ファミリーレストランが郊外立地であったことに対して、むしろ都心立地、商店街立地を得意とした。営業時間を夕方以降に絞り込んで、消費者の夕食需要の受け皿となった。軽い酒類をお茶代わりに惣菜料理を啄ばみ、おにぎりやお茶漬けで〆る「居酒屋」風景を称して、私は「居〝食〟屋」という言い換えもしたが、「和食ファミリーレストラン」と見紛うとも評した。実際、そこには家族連れ客も増えていた(15)。

食材供給の分業システム

一方での「居酒屋」あるいは「居〝食〟屋」という業務用食材の需要者の急増、他方では「超低温コールド・チェーン」を担保する業務用食材の供給者の登場で、「マグロ」をはじめとして水産物の「コールド・チェーン」は、随所に中間加工、流通加工を育んで分業システムを作り出した。

例えば、「イカ」や「イクラ」や「マグロ」はそれぞれの生産者によってそれぞれの「コールド・チェーン」に載せられる。「マグロ」なら「超低温」倉庫内で流通加工される。早い話が材木を切って木片にするごとく、防寒服を着た作業員がチェンソーで裁断する。木片を鉋で削るごとく、薄い「マグロ」切片（解ければ刺身）にする。

これらの中間加工品が、別の「超低温」倉庫内で合流して、花びらの花弁のごとき形状に組み合わされていく。出荷間近になれば、マイナス60℃の倉庫から隣のマイナス40℃の部屋に移されて待機する。まもなく出庫されて外食店舗に到着する頃には、白赤の花弁と中央に赤い葯《やく》が配置された盛り付けの逸品そのもの。白赤は「イカ」と「マグロ」、葯は「イクラ」なのだ。

1980年代半ば（昭和60年ごろ）には、郊外型のファミリーレストランチェーンでも「和食」を標榜するブランドが立ち現れてくる。時代は「食の洋風化」から「和食回帰」の傾向に向かいつつあると説明された。

実際、消費市場をリードして、外食産業が急成長したころに中心的なターゲットとされた団塊の世代が中年世代となりつつあるから、若かりし頃に「高カロリー高タンパク」を求めた彼らの胃袋が「和食回帰」して、「居酒屋」や「和風ファミリーレストラン」に通うようになることは、合点のいく話ではあった(16)。が、冷静に観察すれば、「和食回帰」を演出する食材調達のインフラストラクチャーが整ってきたことが、背景にあるということができよう。

第8節 「居酒屋」と「回転寿司」

水産物の規格品化と安定供給

「超低温コールド・チェーン」と並んで、水産物の供給事情の変化として、もう1つ特筆されるべきことは、養殖魚の急増である。

外食産業用食材として重要なことは、魚種、品質、サイズ、管理状態などが一定で規格の整った食材を、まとまった量、価格的にもある程度固定して、安定して調達できるかどうかということである。

いったん店舗メニューに謳うとなると、比較的に長期にわたり品揃えを外すことができない。また、隣の顧客に出すメニュー、昨日の顧客に出したメニューと同じ品質、同じサイズのものを提供しなくてはならない。もちろん、価格も固定されている。

いわゆる「時価」や「本日のおまかせ」という表示もないわけではないが、これらは近代的な経営手法を標榜し、顧客との信頼関係の構築を一義とするチェーンレストランの思想にそぐわない。その扱いの不安定さ加減が恣意的と解されて、顧客の信頼感を損ねる恐れがあるからである。

これに対して、小売り流通の場合では、魚種の品揃えや販売価格の設定にある程度の自由度がある。極端なたとえでいえば、その日の漁次第で、品薄なら卸売市場から高値相場のまま買い付け、一定のマージンを乗せて販売すればよいし、豊漁なら卸売市場から安値相場で仕入れて相対的に安く販売することが妥当なのである。

が、事前に価格情報を添えて消費者にメニュー提示している外食産業においては、かような仕入れ値連動型の価格設定はかなえられないのである。

ともかく、こうした外食メニューに仕向く食材特性の観点からは、畜産物においてはより工業品に近く、したがって安定調達が可能であることに対して、水産品においてはより自然条件への依存が高いので、その分、調達の安定度を欠くことは已むをえないことであった。

「コールド・チェーン」と「養殖」技術は、この「水産物」の食材特性としての自然条件を解除する突破口となったのである。

養殖技術の進展

「コールド・チェーン」が効果的なのは、なにも「マグロ」だけではない。「サバ」「アジ」など多獲性魚（青魚）は、読んで字のごとく一度に大量に捕獲される。一部は、活物として出回るが、冷凍保存されることで周年供給が可能となる。

もっとも、以前に私が水産物流通の調査をしたときの記憶では、冷凍物も、当該魚種の旬の時期により多く解凍されて卸売市場に出回る。この時期の市場価格が相対的に高くなるからである。ちなみに、斯界では解凍魚は「なまもの」と称して、「活物」（いけもの）と区別される。

「ハマチ」「タイ」「ヒラメ」など白身の魚は、多くが養殖で入手できるので、「生」で仕入れることができる。こうなるとこれらの魚の商品特性は、限りなく畜産品に近づく。出荷コントロールが可能となるからである。あらかじめ、必要量を見越して生簀から出荷すればよいのであるし、さらには計画的に、生育時期をずらしながら対応することで周年安定出荷も可能となるのである。むしろ、この場合は、大量に安定した需要量が見込まれることが具合がよいのである。

水産物の「養殖」技術はどんどん進む。例えば1980年代末（平成に入る頃）には、「ホタテ貝」の養殖も盛んとなり、北海道で「産地形成」が進み、全国流通、全国販売のチャネル作りが本格化した。余談ながら、実際に「ホタテ貝」の水揚げ地では、漁業者（養殖業者）のホタテ御殿といわれる豪邸が立ち並ぶ風景を現出させたりしている。

「鶏が先か卵が先か」という言い方があるが、1980年代半ば（昭和60年ごろ）から全国で急成長する「居酒屋」チェーンは、魚介類の消費場として格好の舞台を提供したのである。そして、その食材供給を担う上で「コールド・チェーン」と「養殖」技術の普及は、決定的に重要な意味を有したといえる。

そして、「マグロ」の「畜養」技術も実用化しはじめるのである（17）。

「回転寿司」チェーンの隆盛

「居酒屋」チェーンの全国制覇は、魚介類の業務用需要を明確化し、それに対応した業務用食材の供給メーカーを刺激した。水産物を冷凍保管したり、流通加工したり、業務用食材として量産したり、リパックしたりする業務が、経営的に独立するようになり、あわせて業務用問屋が整備され、全国に「コールド・チェーン」や「なまもの」や養殖物の物流網が整った。

すなわち、そうしたサプライヤーに依存することで、水産物固有の食材調達の困難さを解除して、外食産業は新しい業態開発とチェーン化に腐心することができるようになったのである。

「回転寿司」というアイデアと実用化の歴史は、1958（昭和33）年と存外に古い。したがって「回転寿司」店そのものは、いわば局地的には点在したが、大規模チェーンとして目立つようになったのは、1990年代に入って以降（平成年代）である。

「回転寿司」店が急増するには、第一に、食品機械メーカーの「回転寿司」フルセット型ともいえる諸開発が出揃うことが必要であった。コンベアのほか、給茶機器、寿司ロボット（にぎり機）、シャリロボット（酢あわせ機）、ライスロボット（炊飯器）の組み合わせ装備が定番化して、簡単に導入されるようになった（それまでも、炊飯米、すし米は、各地域の炊飯センターに外注することはできたが）。

第二に、郊外立地と大型店舗の開発である。従来は、寿司店は、繁華街や商店街立地であり、郊外立地は見逃されていた。家族客を大量収容する店舗の開発を伴って、主戦場を郊外に求めたことで、寿司需要というよりも、回る寿司需要、すなわち「回転寿司」そのものを大衆化することになったのである（18）。

そして、第三に、規格化された食材の供給が可能となったことである。ロボットが製造して成型済みのシャリの上に、薄切りのネタを置くだけの工程なら、職人労働は不要である。職人労働に依存する業態では、急速な大規模チェーン店の形成は不可能である。

1990年代半ばからは、「カッパクリエイト」(かっぱ寿司)、「元気寿司」、「アトム」(アトムボーイ)などの新興「回転寿司」チェーンの株式上場が相次いだ。

第9節　市場成熟化での多様化

分散する市場とメニュー

「回転寿司」チェーンの隆盛が取り沙汰される頃が、外食産業市場の拡大のピークであった。1997(平成9)年の外食産業市場規模は、全体で30兆円にわずかに届かない数値であった。ここまでは、1970年代、1980年代、そして1990年代の前半まで、長期にわたって、外食産業市場規模は伸張に伸張を重ねてきた。1990年代に入って対前年比で例外的にマイナスの年もないわけではなかったが、それを除くとほとんどの年で対前年比ほぼ1兆円の市場規模を上乗せするという驚異的な伸びを続けてきた。

が、ここから外食産業市場規模は毎年、対前年比マイナスを記録するようになった。誰の目にも成熟市場と映り、多くのチェーン外食企業で業績の苦戦が繰り返し伝えられるようになった。

外食産業の成長は、これまでの論脈を辿れば、「コールド・チェーン」の具体化と共にあったことになる。「コールド・チェーン」が敷設されて、「肉」メニューが大手を振って増殖した。やがて、「超低温コールド・チェーン」が敷設されて「魚」メニューが賑わった。「冷凍」温度帯や「超低温」だけでなく、「冷蔵」温度帯すなわち「チルド・チェーン」も敷設されている。

外食産業は、食材、あるいは生鮮食料品に対して、温度（帯）を制することでその大発展を促してきたという見方ができる。しかし、そうした温度（帯）の制御、すなわち温度の管理と操作技術の完成がもたらしたところは、規格食材の供給力の向上による外食産業への参入誘因の増加と、その結果としての外食産業市場の成熟であったともいえる。

ともかく、半世紀前の「コールド・チェーン」構想は、すでにして新しい装いでの日本型食生活を実現した。このことは間違いのないことである。

が、「コールド・チェーン」実現後の時代では、消費市場の様相は反転したのである。単品ないし少品種ないし特定品目の大量供給システムが伸び続ける時代ではなくなったのである。外食市場は、さまざまな領域にわたって食材供給が潤沢になることによって、いくつもの分散した小市場が立ち上がり、多様化していくのである(19)。

【註】

(1)食品保存技術の展開は、スー・シェパード、赤根洋子訳『保存食品開発物語』(2001年、文芸春秋(文春文庫))で、一通り知ることができる。

(2)例えば、長野県に所在する有力飲料メーカーの「ゴールドパック」は、もともと「肉類、魚介類、青果物等の加工・冷蔵・凍結および販売を主力事業」として、1959(昭和34)年に東急グループと長野県経済連との共同出資で設立されたもので、日本冷蔵が業務提携している。

(3)平野赳『これからの食品流通』(1967年、ダイヤモンド社)、97-98頁。また、アメリカ農務省編、日本冷凍食品協会訳『冷凍食品の品質と安定性』(1981年、日本冷凍食品協会)も参照。

(4)華氏目盛り(°F)は、ドイツのファーレンハイト(Fahrenheit)(中国語:華倫海)が1724年に提唱した。砕いた氷と塩化アンモニウムを混ぜたときの温度を0度(寒剤で得られる最低温度、ファーレンハイトが住むアムステルダムの極寒温度)とし、純粋な氷の融点を32度とした。こうすると、人間の体温が100度近くになる。摂氏目盛り(℃)は、スウェーデンの天文学者セルシウス(Celsius)(中国語:摂爾修)が1742年に提唱した。氷の融点を100度、水の沸点を0度として、その間を100等分した。現在は、0と100とを逆転させている。

(5)当時はまだ、野菜栽培など畑作物には人糞を腐熟させたものを直接に肥やしとして投与する生育方法が広く行われていたので、そうした育成方法ではなく化学肥料を用いる「清浄野菜」が調達対象となった。ヨーロッパの大会役員は、人糞肥料の野菜が供されることを心配して、産地まで視察に出向いている。なお、「清浄野菜」の産地形成は、戦後にGHQの食料需要に対応するために新規に開発されたことからはじまる。本書第5章参照。

(6)「コールド・チェーン勧告」を主導した平野赳(資源調査会・食生活環境小委員会長、当時日魯魚業副社長)は、著書『これからの食品流通』(前掲)のなかで、「メニュー・プラニングと流通システム」という章を設けて、

(7)「東京五輪の選手村食堂運営」と「アメリカ第五空軍のメニュー計画」を対比する議論を展開している。

(8)『日録20世紀』「スペシャル⑮20世紀「食」事始め」(1999年、講談社)、31頁。

(9)村上信夫『帝国ホテル厨房物語』(2002年、日本経済新聞社)、159頁。

(10)「ハワード・ジョンソン」こそ、まだ誕生ならぬ未来の日本の外食産業の憧れの存在であった。店舗、メニュー、サービスを統一的に運営するスタイルを確立してチェーンレストランの原型を作った。ここでは「マニュアル」は、「聖書」と呼ばれて遵守される原則とされた(ビル・ブライトン、木下哲夫訳『アメリカ語ものがたり』第一巻、1997年、河出書房新社、357頁)。アメリカ視察に出向いた外食産業人は、挙ってハワード・ジョンソンを研究した。後に「ロイヤルホスト」や「吉野家」のカンバンがオレンジがかった黄色に決められたのも、「ハワード・ジョンソン」の店舗のオレンジ色の屋根にあやからせたからである。

(10)川島路人「初心貫いた和製外食王」『外食産業を創った人々』(2005年、商業界)、44-45頁。

(11)斯界におけるセントラルキッチン導入の意義は、本書第8章参照。

(12)外食産業全体の動向については、茂木信太郎『外食産業テキストブック』(1996年、日経BP社)を参照されたい。

(13)「魚食民族からシーフード食民族へ」農業協同組合『月刊JA』1989年2月号(のち『キーワードで読み解く現代の食』1998年、農林統計協会、収録)。ここでは、次のように規定している。「シーフード」=「魚」+「水産動物、貝類」-「頭尾、皮、骨、臭み、残渣」

(14)この頃、「天狗」ブランドも健闘した。「天狗」は、「村さ来」「つぼ八」と比べると、売上高に占める飲み物比率が相対的に高かった。また、先行したブランドには「養老乃瀧」がある。これらも同じ時期に店舗数を急拡大している。居酒屋業界については、専門誌紙を除くと業界人以外にはそのブランド史や実態がわかりにくいが、中村芳平『居酒屋チェーン戦国史』(2018年、イースト・プレス)がチェーン居酒屋を渉猟した労作である。

(15) ファミリー顧客誘引のために託児スペース付の居酒屋まで登場している。

(16) 1980年代半ばでは、それまで洋食主体であったファミリーレストランに和風料理の投入が相次ぐようになり、また、郊外型立地で既存のファミリーレストランと競うように和食メニューを前面に掲げた「和風ファミリーレストラン」が登場して注目された。例えば、「すかいらーく」が開発した「藍屋」は、若干のテスト期間ののちに子会社としてチェーン化を開始するや2年半で上場して目立った。

(17) 「マグロ」の潤沢な供給が「居酒屋」「回転寿司」の梃子であり、そしてそれを可能としたのが、この魚種の世界的規模での「畜養」技術の展開である。

(18) 渡辺米英『回転寿司の経済学』(2002年、KKベストセラーズ(ベスト新書))に、大手コンベアメーカーの日本クレセントが整理した「回転寿司業態の変化の歴史」が紹介されている。それによると、「従来型から今日の「付加価値」型へと進化を遂げたのが、ファミレス化した店づくりの1993年型である」とされている。

あとがき

はじめにで「国民食」という言葉を使った。この言葉を使うと、本書はいわば「国民食」形成史を論じたものであるという見立てもできる。そこで、改めてそのように読み直してみると、2つの議論に触れておくことが必要かと思うところとなった。以下に少しばかりの問題提起をしておきたい。

1つは、「和食」という言葉についてである。もう1つは、食品産業の形成、食品企業の成立についてである。

昨今とくにユネスコの無形文化遺産に「和食」が登録されたことを声高に取り上げて、世界に「和食」ブームが起きているとか「和」の食材の輸出への期待が大きいとかいったさまざまな報道や議論が賑やかである。こうした風潮に水を差そうという意図はないが、議論の整理も必要ではないかと思う。というのも、「和食」という言葉は、比較的最近に使われはじめた言葉であるからである。ありていにいえば、「和食」とは、政府が日本の食の〝なにもの〞かをユネスコの無形文化遺産に登録しようと画策してつくりあげた官製語であるからである。はじめにユネスコの無形文化遺産への登録という目標があり、そのためにその基準に合うように作り上げた言葉と規定であるからである。

もともとユネスコの無形文化遺産は、グローバリゼーションや社会の変容が進行することで消失が懸念される無形文化に対して、これを保護しようという目的のもとに登録が勧められるものである（七海ゆみ子『無形文化遺産とは何か』2012年、彩流社）。その目的に照らして事態を見ると、そもそもからして政府の意図は、「文化の保護や継承にあるのではなく産業振興」であり、「邪道」だということになる（国末憲人『ユネスコ「無形文化遺産」2012年、平凡社）。

「和食」という言葉も、時代によってさまざまなニュアンスで使用されてきたもので、あきらかに外食メニューに「洋食」が登場して、それと対置する必要から「和食」という単語がメニューの種類の説明に用いられたという時期もあれば、高級な「日本料理」とのイメージ的な区分で庶民的な「和食」とする用いられ方の時期もあった。しかしながら、マスコミ界で「和食」が頻出するようになるのは、ユネスコの無形文化遺産登録が成った2013（平成25）年の翌年からである。ここから「和食」はブームとなり、マスコミで増幅が続き、一般語として流通しているのである。だから「和食」とは、ユネスコに申請するにあたって政府関係者が規定した「和食：日本人の伝統的な食文化」とする説明文はあるが、その内容が、史実としてのわが国の食と食生活を説明しようとしたものではないのだということは確認しておいてよいと思うのである（カタジーナ・ナフィエルトカ、安原美帆『秘められた和食』

2016年、新泉社)。

ちなみに、マスコミで使用が重なっていくことで一般語として流通するにいたってしまった言葉は少なくない。皆さんは、寿司を数えるのに、「1かん」「2かん」と数えますか。筆者の生活体験では、ながらく「いっこ」(1個)「にこ」(2個)(「こ」は「ヶ」とも表記した)と数えていた。それがいつの頃からか「1かん」「2かん」という助数詞が普及した。食の研究者として気になっていたところ、ある方が雑誌を虱潰《しらみつぶ》しに捲《めく》って調査してくれた。結果、その嚆矢を1991年5月『ハナコ』に見つけた。90年代をかけて「カン」が、マスコミという孵卵装置を梃子として助数詞界を制覇していく。食の行為は風俗である。ゆえに風俗としての表現を定着させていくことは不思議なことではないであろう(堀井憲一郎『かつて誰も調べなかった100の謎』2013年、文芸春秋)。

ところで、筆者が以前に上梓した著書に『食の企業伝説』(2007年、一草舎)がある。このなかで、「高野豆腐=凍み豆腐」の食品企業を説明したが、その章のタイトルは「日本食フードの老舗」であった。「日本食」という単語に「フード」と重ねるのもスマートでないような気もするが、この場合、「日本食」とは料理の種類、「フード」とはその食材としての食品という意味であろうか。日常食としても多用されている「高野豆腐」を、当時はまだ「和食」とも「日本料理」とも表記せず「日本食」と表記することに受容性があったということであろう。

さて、2つ目は食品企業成立の話である。上掲書によると、実は、この「高野豆腐」製造企業は、1877（明治10）年におこった西南の役で軍需用乾物品としての需要の急増にこたえる形で、生産現場のイノベーションを敢行し、その後の企業基盤を築いたとある。生産現場のイノベーションとは、農村副業ないし問屋制家内工業から、機械化による工場生産への展開である。

その後も、戦争による〝特需〟が、食品企業の生産現場のイノベーションを誘発していく。具体的には、1894（明治27）年勃発の日清戦争で、陸軍が「凍豆腐、凍蒟蒻、干わらび、切干大根、干瓢」を大量に買い上げ、これら「日本食フード」の生産刺激と市場形成を確実なものとしたと指摘している。

陸軍という「集団食」＝兵食が「国民食」をつくり、そのための食材需要が、食品加工業の誕生史跡となるのである。こんにち食品産業史は、有力な食品企業のヒット商品開発や歴史を語るものが多いのであるが、「国民食」の市場形成史の合わせ鏡としての分析法があるとも思うのである。ちなみに、湯澤規子『胃袋の近代』（2018年、名古屋大学出版会）では、工場給食などの「集団食」が、副菜として漬物を必須化し、そのことで漬物製造業が叢生していく回路を、食材素材の品種開発にまで辿って解き明かしている。

近代の食の消費場面と並走する食品企業の形成論については、もっと多くの議論が俟たれるところと思う。

本書が私たちの食について関心を寄せる人たち、食について学ぼうとしている人たちにとって、いささかの問題提起をするところがあったなら幸いである。

なお、筆者は、2年前に『フードサービスの教科書』を上梓している。さらにその2年前には、共著『現代フードサービス論』で「フードサービスの歴史」を担当させていただいている。本書と合わせ、参照いただければ望外の喜びである。

末尾ながら、これら3著とともに、創成社西田徹氏に多大なるご尽力をいただいた。記して感謝いたします。

2019（平成31）年1月

茂木信太郎

初出一覧

第1章　近代国家の形成と食生活の向上という目標
「集団としての食・序説―近代国家の形成と食生活の向上―」（『フードシステム［リフ］』No.1、フードシステム総合研究所、1991年10月）

第2章　集団食としての国民食の試行
「集団給食の思想　森鴎外の思想―その意義と限界―」（『フードシステム［リフ］』No.2、フードシステム総合研究所、1991年12月）

第3章　工場制度の創出と近代家族制度の確立
「工場制度の創出と近代家族制度の確立―食の家事化と社会化―」（『フードシステム［リフ］』No.4、フードシステム総合研究所、1992年4月）

第4章　近代工場制度の開始と産業給食
「近代工場制度の開始と産業給食」（『フードシステム［リフ］』No.6、フードシステム総合研究所、1992年7月）

第5章　戦後改革と衛生・栄養問題
「戦後改革と衛生・栄養問題」（『フードシステム［リフ］』No.7、フードシステム総合研究所、1992年9月）

第6章　コントラクトフードサービスの時代へ

「コントラクト・フードサービス・ビジネスの成立過程」（『信州大学経済学論集』No.47、2002年8月、信州大学経済学部）

第7章　チェーンレストラン事始め

「日本のチェーンレストラン事始め―いろは大王盛衰記のケーススタディ」（『食と文化の考現学　都市と食欲のものがたり』第一書林、1993年）

第8章　食の産業化

「イノベーションが産業を興す―フードサービスビジネスにおけるセントラルキッチンのケース―」（『イノベーション・マネジメント』No.1、2004年、信州大学経営大学院）

第9章　食卓のイノベーション

「食卓のイノベーション―コールド・チェーンと外食産業の発展―」（『イノベーション・マネジメント』No.3、2007年、信州大学経営大学院）

索　　引

A–Z

ア

カ

タ

ナ

ハ

マ

ヤ

《著者紹介》

茂木　信太郎（もぎ・しんたろう）

亜細亜大学 経営学部 ホスピタリティ・マネジメント学科　教授，博士（観光学）

（社）食品需給研究センター 研究員，（財）外食産業総合調査研究センター主任研究員，フードシステム総合研究所調査部長を経て，信州大学経済学部教授，同経営大学院教授，同イノベーション研究・支援センター研究主幹。2009 年 4 月より現職。法政大学大学院政策創造研究科講師，なら食と農の魅力創造国際大学校講師，川村学園女子大学目白観光文化研究所研究主幹。

［主要著書］

『フードサービスの教科書』（2016 年，創成社），『現代フードサービス論』（共著）（2013 年，創成社），『大学生のための「社会常識講座」』（共著）（2011 年，ミネルヴァ書房），『改定　食品の消費と流通』（共編著）（2008 年，建帛社（2011 年改訂版）），『食の企業伝説』（2007 年，一草舎），『吉野家』（2006 年，生活情報センター），『給食経営管理論』（共著）（2006 年，建帛社（2011 年改訂版）），『中小企業マーケティング読本』（共著）（2006 年，農林統計協会），『外食産業の時代』（2005 年，農林統計協会），『フードデザイン 21』（共編著）（2002 年，サイエンスフォーラム），『フードサービス 10 の戦略』（編著）（1999 年，商業界），『キーワードで読み解く 現代の食』（1998 年，農林統計協会），『現代の外食産業』（1997 年，日本経済新聞社），『外食産業テキストブック』（1996 年，日経 BP），『最前線 輸入米ビジネス』（編著）（1994 年，日本経済新聞社），『都市と食欲のものがたり』（1992 年，第一書林）他多数。

（検印省略）

2019 年 1 月25 日　初版発行　　　　略称 — 社会史

食の社会史
—兵食からチェーンレストランへ—

著　者　茂木信太郎
発行者　塚田尚寛

発行所　東京都文京区春日 2 − 13 − 1　株式会社 **創成社**

電　話　03（3868）3867　　F A X　03（5802）6802
出版部　03（3868）3857　　F A X　03（5802）6801
http://www.books-sosei.com 振　替　00150-9-191261

定価はカバーに表示してあります。

ISBN978-4-7944-2539-3 C 3034
Printed in Japan

組版：スリーエス　印刷：エーヴィスシステムズ
製本：宮製本所
落丁・乱丁本はお取り替えいたします。